왜 울어? 난 괜찮아!

KB190448

이 소중한 책을

특별히 _____님께

드립니다.

왜 울어?
난 괜찮아!

Why Are You Crying?

I'm OK!

이동성 지음

나침반

서문

죽은 새끼를 그냥 보낼 수 없어
16일 동안이나
등에 업고 다닌
어미 범고래

I can't just send my kid away.

"범사에 기한이 있고 천하 만사가 다 때가 있나니 날 때가 있고 죽을 때가 있으며"(전도서 3:1-2)

바다의 범고래도 사랑하는 새끼를 먼저 보내는 것이 너무 힘들었나 봅니다.

영국의 국영방송 BBC의 뉴스에 의하면 지난 2018년 7월 24일 캐나다 밴쿠버 섬 해안에서 처음 발견된 어미 범고래는 발견 당시 죽은 새끼를 등에 업은 채 16일간 헤엄치고 있었다고 합니다.

이 기사를 접하면서 한 가지 생각이 스쳤습니다.

'동물 세계에서도 사랑하는 가족과 이별하는 것이 그리도 힘들

진대 하물며 우리네 인생은 얼마나 더 어려울까?'라는 생각입니다.

아무리 인간관계 속에서 수없이 되풀이되는 보편적인 죽음의 경험이라 하지만, 사랑하는 사람들을 먼저 보내야 하는 일은 인류 역사가 시작된 이래 여전히 슬프고 우는 것 외엔 달리 표현하기가 힘든 것이 사실입니다.

"자식이 먼저 세상을 떠나면 가슴에 묻는다"라는 말의 의미를 이제 조금은 알 듯합니다.
그러나 사랑하는 막내아들 앤드류를 3년 6개월 전에 먼저 보내고 그 한 인생의 떠나감의 의미를 지금도 묻고 있습니다.
그러한 저 자신이, 외람되나마 사랑하는 이들을 먼저 보내면서 아파하며 울고 있는 이 땅의 수많은 이들과, 어쩔 수 없이 이들을 지켜볼 수밖에 없는 이들 그리고 사랑하는 이들을 남겨두고 먼저 떠나야 하는 이들에게 '난 괜찮아, 우리도 괜찮아'라는 고백이 되길 소망하며 아들의 투병생활 중 경험한 하나님의 은혜를 함께 나누고자 합니다.

– 앤드류 아빠 이동성 목사

먼저 엄마 곁을 떠난 사랑하는 아들 앤드류를 추억하며

"Loved you then, Love you still, Always have always will."
사랑했다 아들아. 그리고 여전히 사랑한단다. 영원히 사랑할거야 영원
히….

사랑하는 나의 아들 앤드류야,

그렇게 훌쩍 한마디 말도 제대로 나누지 못하고 너를 떠나보냈구나.

그간 중환자실, 일반병실 여러 다른 병원을 집 드나들듯 하며 아픔을 참

으며 수많은 치료를 받던 네 모습이 스쳐 가는구나.

어느 날 UCSF 가장 높은 층 넓은 병실로 옮겨졌을 때, 엄마를 위로하려

했는지 네 형과 누나가 너를 스카이라운지 특실로 옮겼다고 말했었지….

그곳이 그 병원에서 마지막을 준비하는 병실이라는 것도 모르고….

그곳에서 너와 그렇게 이 땅에서 마지막 작별이 되었구나.

난 너의 마지막 그 순간까지도 다시 일어날 수 있다고 믿고 기도만 드렸

는데….

그럴 줄 알았다면 네 눈 한 번이라도 더 마주하고 "사랑한다" 한 마디라

도 더 해주었을 것을….

미안한 마음에 억장이 무너져 내리는 가슴으로 차가워져 가는 너의 입술

에 입을 맞추던지가 엊그제 같은데….

그때 너의 입술의 기운 속에서 엄마는 확실히 느낄 수 있었단다.

"엄마 이젠 그만 울어, 나는 괜찮아."

아마도 예수님의 어머니 마리아도 사랑하는 아들 예수님께서 십자가에서 차갑게 식은 모습으로 내려졌을 때 통곡하며 그 아들의 얼굴에 입을 맞추셨겠지….

그때 예수님도 그렇게 말씀하셨을 거야.

"어머니 울지 마세요. 나는 괜찮아요. 3일 후에 나는 다시 일어나니까요."

하나님께서 내게 허락하신 큰 선물 사랑하는 막내 앤드류야,

이제 엄마도 남은 날들을 네가 엄마에게 소개해준 영어찬송 "O, the blood, I am not alone"을 따라부르며 내게 주어진 길을 갈게.

그리고 항상 해맑은 미소로 엄마를 반겨주던 것처럼, 먼저 가 있는 그곳에 내가 가게 될 그때에… 너를 품에 안아주시던 주님 옆에서 활짝 미소 띤 앤드류 네가 엄마를 환영하며 달려올 것을 알아.

그때까지 지금 내 주변에 있는 모든 이들도 해같이 빛나는 얼굴로 그곳에서 다시 모두 모여 엄마가 좋아하는 찬양의 축제로 날마다 영원히 사는 그 시간을 사모하며 살게.

사랑하는 아들 앤드류야,

엄마는 이제 안 울어, 괜찮아!

이별 파티

나의 조카 앤드류여
네 살아낸 삶과 너의 영혼에
한없는 박수를

소멸이란 무엇이며
生과 死 그 삶의
경계는 어디까지인가

이별을 축복이라
말하는 역설의 의미
떠나며 남긴 전율 몸짓, 눈빛으로 전한
"왜 울어 난 괜찮아"

그래그래
헤어짐이 현실이나
너의 몸짓 하나 남기고픈 한마디로
눈물일랑 감추고

생전 너의 모습
엷은 미소 어눌한 우리 말
아름다운 그 모습만
생각의 저장고에 담아 두련다.

어이없는 이별에도
통곡하지 못함은
소멸이 곧 오메가 아니며
그 후 다가올 영원을 믿음이니

앤드류
이제 고통은 멈추었다
슬픔의 너울일랑 벗어 버리고
하늘이 주는 평안으로 잠들거라

파티를 시작할 시간이다
家訓대로 세상에서 잘 먹고 잘 살다가
네 영혼 잘 떠났으며
너를 잘 보내야 하는 무대
네 영혼의 평안과
떠나는 너 그리고 남은 자를 위한 축제
다시 만나기 위한 축제의 시간이!

조카 앤드류의 영전에
See U again

시인 이동춘/ 앤드류의 작은 아빠
한국융합예술치료교육학회 상임이사
건양대학교 보건복지대학원 치유선교학과 교수(외래)

Part 1
앤드류를 선물로 주신 축복
Blessing of Andrew as a special gift

Part 2
주의 형상을 닮아 가는 축복
The blessing of imitating the Lord

앤드류를
선물로 주신
축복

Blessing of Andrew as a special gift

01
왜 울어?

Why are you crying?

"예수께서 이르시되 여자여 어찌하여 울며 누구를 찾느냐"(요한복음 20:15)

3년 6개월 전 미국 샌프란시스코 인근의 한 장례식장에서 막내 아들 앤드류의 장례식을 치렀습니다. 그날, 아들의 관 위에 놓인 꽃바구니에 "Why are you crying?"이라고 큼직하게 쓰인 리본이 놓여있었습니다. 장례식 절차상 연결된 꽃 가게에서 "관 위에 놓이는 꽃에 어떤 글귀를 넣길 원하세요?"라는 질문에 우리는 두말없이

이 문구를 넣었습니다.

앤드류의 형 조슈아, 누나 한나, 그의 가장 친한 대학 친구 삼총사(Alex, Agnes, Anna) 그리고 부모인 저와 아내는 앤드류의 평상시 성격에 비추었을 때 이 글귀가 적당하다는데 의견을 모았습니다. 앤드류는 생전에 자신의 장례식을 미리 생각했습니다.

그래서 친구들에게 "내 장례식에 올 때는 검은 옷을 입지 말고 평상시처럼 입거나 아니면 평상시보다 더 화려한 색깔의 옷을 입고 와"라고 말했습니다.

앤드류의 장례식에는 가족뿐 아니라 버클리대학을 함께 다녔던 친구들이 모두 모였습니다. 장례식에 참석한 우리들은 앤드류의 마지막 모습을 보기 위해 길게 줄을 섰고 한 걸음씩 당겨 맨 앞으로 갔을때 '왜 울어? Why are you crying?'이라는 문구를 보았습니다. 사랑하는 그를 이제 더 이상 이 땅에서 볼 수 없다는 슬픔 속에 싸인 우리에게 "왜 울어?"라고 묻는 앤드류….

장례식 후 앤드류의 친구들은 "왜 울어?라는 문장이 평소 그의 캐릭터와 딱 맞는다는 생각이 들었다"라고 이야기했습니다. 아마도 "왜 울어?"라는 문구는 앤드류가 자신의 마지막 가는 길을 함께 해준 가족과 친구들에게 "울지 말라"며 위로와 사랑의 메시지를 보낸 것이 아닐까?라고 생각해봅니다.

성경에 보면 예수님께서 자신의 무덤가에 찾아온 마리아에게 "어찌하여 우느냐?"라는 말씀이 있습니다.

"왜 울어?"의 오리지널 말씀입니다.

주님의 죽음을 애도하며 한 번이라도 더 예수님의 모습을 보고 싶어 무덤을 찾아온 마리아에게 예수님이 부활하신 후에 하셨던 그 말씀은 무엇을 의미하는 말씀이었을까요?

이 알듯 모를듯한 예수님의 질문은 사랑하는 사람의 죽음 앞에 울고 있는 우리 모두에게 주시는 질문이라고 생각합니다.

또한 그 질문 속에 더 이상 울지 않아도 될, 울음을 멈추게 하시는 위로와 해답을 제시하신다고 믿습니다.

02
감사드리세
Give Thanks

"범사에 감사하라 이것이 그리스도 예수 안에서 너희를 향하신 하나님의 뜻이

니라"(데살로니가전서 5:18)

거룩하신 하나님 주께 감사드리세

날 위해 이 땅에 오신 독생자 예수

나의 맘과 뜻 다해 주를 사랑 합니다

날 위해 이 땅에 오신 독생자 예수

GIVE THANKS WITH A GRATEFUL HEART

GIVE THANKS TO THE HOLY ONE

GIVE THANKS BECAUSE HE'S GIVEN

JESUS CHRIST HIS SON

내가 약할 때 강함 주고 가난할 때 우리를

부요케 하신 나의 주 감사

AND NOW LET THE WEAK SAY I AM STRONG

LET THE POOR SAY I AM RICH

BECAUSE OF WHAT THE LORD HAS DONE

FOR US GIVE THANKS

앤드류는 우리 곁을 떠나기 한 달 전 병원에서 퇴원해 집에 왔으나 하루 만에 다시 응급실로 들어갔습니다. 응급실에 도착했을 때 그의 호흡은 이미 거칠었고 심한 고열 증세로 괴로워했습니다. 그러나 의사를 기다리는 그 아픈 와중에도 앤드류는 '주께 감사드리세(Give Thanks)'라는 찬양을 불렀습니다. 그날의 찬양은 짧디짧은 25세 인생의 마지막 길을 감사로 마무리한 앤드류의 신앙고백이라 생각됩니다.

앤드류는 2011년 봄 UC 버클리대학을 졸업했습니다.

그리고 한 달 후 실리콘밸리 소재의 유수한 회사에 입사 서류를 제출하며 여느 사회 초년생들처럼 미래에 대한 기대와 희망에 부풀어 있었습니다.

그때 그에게 급성 골수 백혈병이라는 말도 안 되는 일이 벌어졌습니다. 어렸을 때부터 '스마일 보이'라는 별명을 달고 살 만큼 늘 웃음 속에 살던 아들이었습니다. 앤드류는 느닷없이 찾아온 그 치명적인 질병 앞에도 결코 웃음을 잃지 않았습니다.

급작스럽게 닥친 병을 치료하기 위해 항암치료를 받는 와중에도 그는 절망하거나 누군가를 원망하기는커녕 오히려 병원의 분위기 메이커로 모두의 사랑을 받았습니다.

링거를 걸어 두는 폴대에는 'I am single. Contact me(나는 애인이 없는 싱글. 나에게 전화해주세요)'라는 유머러스한 글귀와 함께 자신의 번호를 적어 놓기도 했습니다.

친한 친구들의 이름을 적은 병문안 출석부(?)를 만들어 스티커를 붙여 놓기도 했으며 간호사가 병실에 들러 "뭐 필요한 것 없냐?"고 물으면 오히려 "내가 도와줄 것 없냐?"고 반문하기도 했습니다. 그리고는 수시로 병원 안내 데스크를 방문해 도움이 필요한 사람들에게 손을 내밀곤 했습니다. 그는 병원에서 가장 웃음이 많고 인기 있는 사람(환자)이었습니다.

그렇게 시작한 앤드류의 병원 생활은 수년간 계속됐습니다.

그 모습을 지켜보면서 말로 다 할 수 없을 만큼 고통스럽기도 했지만 어쩌면 그 수년의 병상생활이 앤드류 인생에서 가장 절정의 시간이 아니었나 생각합니다.

시간이 흐른 뒤 사랑하는 아들의 모습을 추억해보니 그 시간이 참 아름다운 마무리였다는 걸 새삼 느꼈습니다. 고통스러운 투병

생활을 하면서도 그의 삶이 아름다웠다고 기억되는 것은 참으로 큰 기쁨이 아닐 수 없습니다.

앤드류는 급성 골수 백혈병 발병 후 4년 가까운 시간 동안 병원과 집을 오가며 지냈습니다. 하늘나라로 떠나기 한 달 전, 잠시 집으로 왔을 때 그에게는 별다른 치료가 남아있지 않았습니다.

그래도 치료를 포기할 수 없었기에 다른 치료를 시작하기 전 잠시 집으로 왔습니다. 그러나 집에 온 지 하루 만에 열이 심하게 오르고 호흡이 거칠어져 다시 응급실로 가게 됐습니다.

그곳에서 앤드류는 거친 숨을 몰아쉬며 찬양 '감사드리세(Give thanks)'를 불렀습니다. 이는 응급실에서 단지 가족들을 안심시키기 위해서가 아니라 '내게 어떤 일이 일어난다 해도 삶을 감사하며

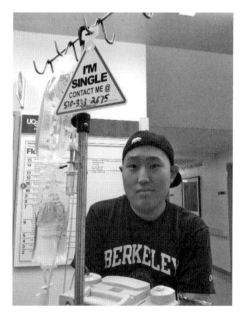

즐기겠다'는 의지와 믿음을 보여준 것 같아 더 자랑스럽고 감동스럽습니다.

03
인기 있는 친구
A popular Friend

"보라 자식들은 여호와의 기업이요 태의 열매는 그의 상급이로다"(시편 127:3)

흔히 자식 자랑을 하면 '팔불출'이라 합니다. 하지만 보통의 부모라면 팔불출 소리를 들어도 자식을 자랑스러워하는 것이 당연할 것입니다.

미국에서는 가족들을 소개할 때 대부분 '사랑하는 부인(my lovely wife), 나의 예쁜 딸(my pretty daughter), 내 소중한 자식들(my precious kids), 내 자랑스러운 아들(my proud son)'이라고 합니다. 성경에도 자식은 특별한 상급이라 말씀합니다.

저희 가정의 막내로 태어난 앤드류는 자랑스러운 아들일 뿐 아니라 대학생활 내내 학교 친구들 사이에서 정말 인기가 많았습니다. 대학 졸업식장에서 수많은 친구들에게 둘러싸인 앤드류의 모습에서 어린 시절 '스마일 보이'의 진가가 교우관계에서도 빛을 발한 것 같아 뿌듯했습니다.

저와 아내는 앤드류가 버클리대학에 입학한 후 오랜 이민목회를 뒤로하고 한국으로 돌아와 역 이민 사역을 하던 중이었습니다. 막내아들까지 대학에 입학하고 나니 홀가분한 마음이 든 것도 사실입니다. 그렇게 한국에 머물며 사역을 하다가 앤드류의 대학 졸업식에 참석하기 위해 4년 만에 아들의 모습을 보러 갔습니다.

그런데 그 졸업식장에서 낯선 풍경을 목격했습니다. 한 그룹의 청년들이 어머어마하게 큰 대형 풍선 꾸러미와 화환을 들고 졸업식장에 나타난 것입니다. 보통 졸업을 축하하기 위해 친구들과 가족들이 화환이나 풍선 등을 선물하기도 합니다. 그러나 그처럼 엄청난 크기의 풍선 꾸러미와 화환은 난생처음 보는 것이었습니다.

저와 아내는 "도대체 저렇게 큰 풍선의 주인공은 누구야?"라며 궁금해 했습니다. 그런데 그 주인공이 바로 우리 아들 앤드류였습니다.

우리는 지난 4년 동안 한국에서 사역을 하느라 아들과 함께 해

주지도 못했는데 그 사이 아들은 키만 큰 것이 아니라 친구들의 사랑을 듬뿍 받는 건실한 청년으로 성장해 있었습니다. 너무도 대견스러웠습니다. 이처럼 잘 자라준 아들이 자랑스러웠습니다.

졸업식을 마친 후 우리는 앤드류가 미래의 주인공으로 더 크게 성장할 것을 기도하며 한국으로 돌아왔습니다.

그리고 한 달이 지난 어느 날 새벽 미국에서 걸려온 한 통의 전화…. 청천벽력이었습니다.

당시 결혼 후 샌프란시스코에서 직장생활을 하던 큰아들 조슈아가 울먹이며 전화를 했습니다.

"아빠, 앤드류가 급성 골수 백혈병이래! 앤드류가 감기 증세로 며칠 고생하니까 룸메이트가 병원에 가보라고 해서 갔더니 의사가 빨리 입원하라고 했대."

"뭐라고? 급성 골수 백혈병?"

소위 불치병으로 알려진 그 병…. 도저히 믿어지지 않는 소식에 할 말을 잃었습니다.

불과 한 달 전에 건강한 모습을 보고 왔는데 대체 이게 무슨 날벼락인지…. 새벽에 전화를 끊고는 아내와 같이 마침 한국에 나와 있던 딸 한나를 깨워 이 절망적 뉴스를 전하고 한동안 깊은 낙심에 빠질 수밖에 없었습니다.

그간 목회현장에서 수없이 들었던 교회 가족들에게 찾아온 여러 비보에 "기도하겠습니다"라고 했던 그 말 조차도 떠오르지 않았습니다. 머릿속이 하얘지고 멍했습니다. 이런 저 대신 아내가 먼저 입을 열었습니다.

"하나님이 계획하신 것을 우리가 다 알지는 못하지만 뭔가 중요하고 선하신 계획이 있으시겠지요. 여보, 우리 기도해요!"

그날 이후 우리 가족에게는 누구도 예상하지 못한 아픔의 여정이 시작되었습니다.

대학을 막 졸업한 상태였기에 앤드류의 비보는 학교 친구들에게도 믿어지지 않는 슬픈 소식이었습니다. 아직 대학에 남아있던 친구들뿐 아니라 크리스천 모임 친구들…. 대학교 3학년 때 스페인 바르셀로나 대학에서 교환학생으로 함께 지냈던 친구들은 그의 소식을 듣고 캘리포니아뿐 아니라 미국 각지에서 달려왔습니다.

04

인기 절정에 계셨던 예수님

Jesus, A popular Spiritual Leader

"모든 사람들이 주를 찾나이다"(마가복음 1:37)

2000여 년 전 팔레스타인 지역의 많은 사람들은 여러 가지 이유로 예수님을 따랐습니다. 덕분에 예수님의 인기는 절정에 이르렀습니다. 온갖 질병으로 고통받는 환자들을 낫게 하시고 심지어 소경이 눈을 뜨고 문둥병이 치료되고 죽은 자들도 살리시는 놀라운 일들을 목격한 수많은 사람들이 예수님을 따랐습니다.

그러나 예수님의 인기와 유명세는 3년 반이라는 시간이 지나며 갑자기 십자가를 지는 사건으로 막을 내렸습니다. 그동안 그분을 따르며 사랑과 신뢰를 보내며 함께했던 수많은 사람들은 짙은 불안과 실망감, 그리고 깊은 슬픔과 절망의 침윤에 잠겼습니다.

그중 한 사람인 마리아는 사랑하는 예수님이 십자가를 지고 골고다 언덕을 올라갈 때 울며 따라갔고, 십자가 처형이 집행되자 자신이 할 수 있는 일이 아무것도 없다는 무기력함 속에서 안타깝게 지켜볼 수밖에 없었습니다. 결국 예수님의 시신이 안치된 무덤 밖에 서서 우는 것 외에 달리 아무것도 할 수 없었습니다.

그때 마리아의 슬픈 마음속을 메우고 계시던 그분의 목소리가 들려왔습니다.

"마리아, 왜 우니?(Mary, why are you crying?)"

예수님은 정녕 마리아가 울고 있는 이유를 모르셔서 두 번씩이나 물으셨다니…. 이게 도대체 무슨 말입니까?

"왜 우니?"

몰라서 물으셨을까요? 사랑하는 사람을 먼저 떠나보낸다는 것은 우리가 교제하던 그 시간들이 이제 더 이상 계속될 수 없다는 것입니다. 우리는 이 안타까운 사실 때문에 웁니다.

이러저러한 이유로 너무도 안타깝게 우리 곁을 떠나간 사랑하는 사람들을 먼저 보내고 눈물을 흘리고 있는 우리 곁에 예수님의

"왜 우냐?"라는 그 목소리는 메아리가 되어 들려옵니다. 앤드류를 먼저 떠나보낸 우리 가족 모두에게도 말입니다.

예수님도 그의 십자가 사건 전 종종 사랑하던 사람들을 먼저 떠나보내는 아픔을 경험하기도 하셨습니다.

친구라 불리던 나사로가 먼저 떠났을 때 그의 시신이 뉘었던 무덤 가까이에서 예수님도 울음을 터뜨리셨습니다. 그런 분이 "왜 우니?"라고 하셨습니다.

"울지 말라"는 의미가 담긴 이 말씀의 의미를 우리가 이해할 수 있다면, 누구나 경험하는 인생의 가장 보편적인 딜레마인 '이별=죽음'을 해결할 수 있지 않을까요? 우리 주변에서 현재도 울고 있는 수많은 누군가를 위해서 말입니다.

05
난 괜찮아!
I am ok!

"예수께서 이르시되 여자여 어찌하여 울며 누구를 찾느냐"(요한복음 20:15)

예수님께서 마리아에게 "어찌하여 울고 있느냐?"라고 질문하신 것 다시 말해 "울지 말라"라고 하심은 한마디로 "나는 괜찮다"라는 말씀입니다. 인류의 역사가 시작된 이래로 죽음이란 가장 큰 딜레마를 자신의 부활로 해결하신 후 예수님께서 처음 하신 말씀은 슬퍼하는 마리아에게 "울지 말라"였습니다.

또 "울지 말라"는 말씀은 먼저 떠남 앞에서 절망하며 아파하는 이 땅의 모든 이들에게 죽음을 넘어 소망을 주시는 선포의 뜻이 담겨있습니다. 예수님은 마리아가 왜 우는지 알고 계셨습니다.

지금도 아파하며 울고 있는 많은 이들의 온갖 사연 앞에서 그들과 그 가족들의 슬픔의 이유를 알고 계십니다.

"울지 마라. 난 괜찮다."

그분의 말씀은 사실 지금도 울고 있는 이들을 위로하는 유일한 해답이기도 합니다.

이 말씀의 의미를 깨닫는다면 먼저 떠나는 사람은 남겨진 사람들에게 예수님과 동일하게 말할 것입니다.

"울지 마, 난 괜찮아!"

왜냐하면 예수님은 예언하신 대로 죽은 후에 부활하셔서 영원한 생명의 기적을 증명하셨기 때문입니다. 이에 예수님의 부활 사건이 자신에게도 임할 것을 믿는 많은 사람들은 죽음의 강을 건너며 남아있는 이들에게 "울지 마. 난 괜찮아"라는 말을 전하며 떠나가는 것입니다.

예수님께서는 부활이라는 찬란한 새벽을 맞이하기 위해 먼저 희생의 십자가를 지셨습니다. 앤드류 역시 삶의 주인 되신 그분처럼, 자신에게 임한 고통의 시간을 선한 싸움으로 인내하며 "나를 따라오려면 너희 십자가도 지고 따라오라"라는 말씀 앞에 자기 십자가를 지고 따르며 "I am ok"의 의미를 확신하고 있었습니다.

06
예수의 피 밖에 없네
Nothing But Blood of Jesus

"오직 흠 없고 점 없는 어린 양 같은 그리스도의 보배로운 피로 된 것이니라"(베

드로전서 1:19)

앤드류는 급성 골수 백혈병 치료를 위해 캘리포니아대학교 샌
프란시스코 캠퍼스(UCSF) 메디컬센터, 스탠퍼드 메디컬 센터 등
샌프란시스코 인근의 여러 병원 부속기관에서 셀 수 없이 많은 항
암 치료와 골수이식을 위한 검사 그리고 수많은 수혈 과정을 거쳤
습니다.

한 번은 앤드류와 가족 예배를 드릴 때였습니다.

"앤드류, 무슨 찬양 부르고 싶어?"라고 묻자 영어로 "Nothing but Blood(예수의 피 밖에 없네)"를 부르고 싶다고 했습니다.

나의 죄를 씻기는 예수의 피 밖에 없네
다시 성케 하기도 예수의 피 밖에 없네
예수의 흘린 피 날 희게 하오니
귀하고 귀하다 예수의 피 밖에 없네
What can wash a way my sin? Nothing but the blood of Jesus
What can make me whole again? Nothing but the blood of Jesus.
O precious is the flow That make me white as snow
No other fount I know, Nothing but the blood of Jesus.

미국에 사는 아시아인에게 앤드류처럼 혈액암 등 골수와 관련된 질병이 생길 경우 자신에게 맞는 골수 이식자를 찾는 것이 참 어렵습니다.

전 세계의 골수 등록 기관을 통해 본인에게 맞는 사람을 찾았다 해도 실제 이식이 성사되는 경우는 그다지 많지 않습니다.

앤드류의 경우에도 한국에 가능성 있는 매칭 후보가 두 사람 정도 있었지만 꼭 필요한 이식 기간에 기증자와 연결이 되지 않아 결국 그 기회를 얻지 못했습니다.

형제들도 오직 50% 정도의 가능성 밖에 없었습니다.

그래도 앤드류는 바로 위 누나인 한나의 골수를 이식하여 아주 짧게나마 괜찮아지기도 했었습니다. 사랑하는 동생을 위해 할 수 있는 일이라면 뭐든지 다하겠다던 한나는 목 부분에 두 번씩이나 구멍을 내고 이식하는 힘든 과정을 겪었습니다.

그러나 한나의 노력에도 불구하고 앤드류의 병세는 일 년 반 만에 재발되었고 의학적으로 할 수 있는 여러 시도를 다 해보았지만 별 도움이 되지 않았습니다.

그렇게 시간을 보내며 가정예배를 드리던 중 앤드류는 "예수의 피 밖에 없네"를 부르고 싶다고 했습니다. 그런데 그 찬양은 앤드류 또래의 젊은이들이 선호하는 찬양이 아닙니다. 나이가 든 부모 세대가 좋아할 만한 찬송입니다.

아마도 앤드류가 그 찬송을 부르고 싶다고 한 뜻은 이 세상의 어떤 피도, 골수도 완전할 수 없기에 앤드류를 영원한 생명으로 인도하는 유일한 피이신 예수님의 보혈을 의지하고 싶어 한 마음임을 알 수 있었습니다.

07
미국(美國)과 천국(天國)
USA & The Kingdom of Heaven

"회개하라 천국이 가까이 왔느니라"(마태복음 4:17)

앤드류는 1987년 10월 17일 아빠인 제가 신학 공부하던 미국 루이지애나 뉴올리언즈 신학교 캠퍼스에서 우리 부부의 막내로 태어났습니다.

미국에 사는 교포 2세들은 한국 사람들이 비교적 많이 사는 곳에서 사는 경우에는 한국말에 대한 관심과 사용도가 빈번하지만 교포가 그리 많지 않은 환경에서 살아갈 때는 부모와 간간이 한국말로 대화하는 정도로 제한적일 수밖에 없습니다.

앤드류는 미국의 여러 주를 거쳐 다니며 살았고 UC 버클리대학에 입학한 후에야 비로소 한국인이라는 뿌리에 대한 정체성에 대해 고민하기 시작했습니다. 그리고는 한국어 클래스에 들어갔고 때때로 우리에게 "이게 무슨 뜻이에요"라고 궁금한 단어에 대해 물어보곤 했습니다.

한 번은 앤드류가 병원 침대에 누워 "왜 United States of America를 한국에선 미국이라고 부르냐?"고 질문했습니다.

그래서 "미국(美國)이라 불리는 여러 가지 이야기가 있지만 한자로 아름다울 미(美)를 써서 그렇게 불리기 시작했다"라고 말했습니다.

그러자 일본에서 온 친구는 "일본에서는 지금도 미국을 쌀(米)의 나라라고 부른다"고 이야기하며 대화의 주제가 자연스럽게 '천국(天國) 이야기'로 연결된 적이 있습니다.

몸이 아픈 중에도 자신의 뿌리에 대해 궁금해 하고, 아버지의 나라에 대해 알고 싶어 하는 앤드류에게 저는 다음과 같이 이야기했습니다.

"아빠가 수십 년 동안 미국에서 이민자의 삶을 살면서 피부로 느끼는 미국은 그리 아름답지도, 풍요롭지도 않은 것 같아. 물론 한때 그랬던 시기도 있었겠지만 지금의 미국은 어느 도시에서도 노숙자(홈리스) 등의 문제로 몸살을 앓고 있잖아? 샌프란시스코 역시 미국에서 가장 아름다운 항구이자 관광도시라 불리지만 주거비용이 가장 비쌀 뿐 아니라 노숙자들로 가득하지. 이 아름다운 샌프란시스코를 방문하는 사람들이 다운타운 곳곳을 점령하고 있는 노숙자들을 보면서 과연 'Beautiful! Wonderful!!'이라고 할까? 그리고 때와 장소, 시간을 가리지 않고 뻥뻥 터지는 총기 사고들….

또한 땅덩이가 크다 보니 연례행사처럼 벌어지는 허리케인, 대형 산불 사건 등도 심각하지. 미국 남부와 동부에서는 일 년에 몇 차례씩 찾아오는 허리케인 폭풍으로 막대한 피해를 입고 서부에서는 대형 산불로 삶의 터전을 잃는 사람들이 해마다 발생하지. 이처럼 많은 재난이 발생한다면 "헤맨다"라는 뜻의 '헤맬 미(迷)'를 써서 '미국'이라고 부르는 것이 맞지 않나?라는 생각이 든다.

그러나 이와 같은 문제들이 사실 미국만의 문제는 아니지. 사람이 어디서 살든 헤매며 살기는 마찬가지인 것 같아. 아빠는 조국인 한국을 생각할 때 늘 그립고 아름다운 추억도 많지. 하지만 오랫동안 분단의 아픔을 겪은 탓에 세계의 이목을 집중시키는 건 언제나 한국을 둘러싼 아픈 뉴스들만 들려오고 있지 않아? 아빠는 인생의 반은 한국에서 살았고 반은 미국에서 산 것 같은데 계속 헤매면서 살아온 것 같아. 과연 절망 없는 미국(美國)은 어디에 있겠니?

사랑하는 앤드류야, 아픈 너에게 아빠가 해줄 수 있는 게 정말 아무것도 없지만, 예수님께서 이 땅에 오셔서 제일 먼저 하신 말씀이 '회개하라 천국이 가까이 왔다'이고 많은 사람들이 걸어가는 길이 있지만 '내가 바로 곧 그 길'이라고 말씀하신 것 기억하지?

예수님은 헤매며 이 땅을 살아가고 있는 많은 사람들에게 아메리카를 지칭하는 미국이 아니라 정말 '아름다운(美) 나라(國)', 그 하나님 나라를 보여주시려 이 땅에 오신 거야. 그래서 우리는 그 나라를 소망하며 사는 거야.

앤드류야, 아무리 좋은 항암 프로그램 연구가 발전되어 신약이 개발되어 우리가 아파하던 부분이 고쳐진다 해도 다시 또 다른 곳이 아파 우리는 계속 헤매면서 살아갈 수밖에 없잖니?

하지만 예수님을 영접하고 살아가는 사람들은 이미 여기 이 땅에서 성경이 말씀하는 참다운 의미의 미국(美國)인 천국의 시민이 되어 특별한 신분으로 살아갈 수 있고 이 세상 어느 것도 빼앗을 수 없는 참 기쁨과 소망 가운데 살 수 있는 거야."

이야기가 끝난 후 앤드류는 큰소리로 "아멘"이라고 외쳤습니다.

08
앤드류의 유머
Andrew's Humor

"여우도 굴이 있고 공중의 새도 거처가 있으되 인자는 머리 둘 곳이 없다 하시더라"(마태복음 8:20)

우리는 흔히 '긍정의 힘'이란 말을 많이 합니다.

사실 그리스도인들은 어떤 고통의 환경 가운데서도 삶을 주관하시는 하나님의 인생 컨트롤 타워에 자신을 맡기며 살기에 많은 신자들이 비교적 긍정적 마인드를 갖고 살아가게 됩니다. 그러한 삶은 그들이 처한 어떤 역경의 시간 속에서도 삶의 여유와 유머를 만들어 낸다는 것은 참 좋은 것 같습니다.

예수님도 때때로 자신의 모습을 여러 가지 비유나 풍자를 통해 가르치기도 하셨습니다. 이 땅에서 결코 안식하실 수 없는 자신의 모습을 생각하시며 "여우도 굴이 있고 공중의 새도 자기가 거하는 보금자리가 있는데 나는 없다"라고 말씀하신 것이겠지요.

앤드류도 약 4년간의 병상 생활에서 자신의 가공적 안식처를 인터넷을 통해 유머러스하게 상상하기도 했습니다.

한 번은 앤드류가 병실에 놓인 자기 노트북으로 한국에 있는 또래 청년들과 영어로 채팅을 했는데 자신이 병원에 있다는 것을 밝히고 싶지 않아서인지 자신을 '아프리카 케냐에 사는 청년'이라고 소개했습니다.

선의(?)의 거짓말로 자신의 처지를 달리 표현하려 했던 것 같습니다. 채팅을 하던 앤드류가 주사를 맞아야 할 시간이 되어 의사와 간호사가 병실로 들어오니 "지금 사자가 나타나 마을 사람들을 공격하려 해서 이만 대화를 멈추어야 한다"라고 채팅에 글을 남기고 대화를 중단했습니다.

이에 앤드류와 채팅을 하던 한국 청년이 진심으로 걱정하며 "사자를 퇴치하고 마을이 안전하길 바란다"라는 글을 남겼는데 나중에 앤드류와 함께 이들의 대화를 보며 웃었습니다.

앤드류는 의사와 간호사가 찾아와 이리저리 자신의 신체를 만지는 것을 사자가 나타났다고 은유적으로 표현한 모양입니다. 아무리 선의의 거짓말이라 생각해도 한창 젊음을 발산할 나이에 병상에 오래 머물러 있으니 답답했을 그의 마음이 이해가 되어 그 정도의 거짓말은 봐줄만 하지 않나… 유머로 생각했습니다.

오래전 우리나라의 존경받는 지도자가 여러 나라의 언어를 하신다 해서 사람들이 물어보니 "몇 나라 말을 포함해 가끔씩 거짓말도 한다"라고 대답하셨는데 제겐 인간적인 모습으로 기억됐습니다. 이처럼 유머는 힘든 삶을 살아가는 사람들의 마음을 녹여주고 따뜻하게 열어주는 커뮤니케이션의 한 부분이라 생각됩니다.

09
내일을 준비하러 가는 길에
왜 큰바람, 파도가?

Why are there storms on the way home?

"배를 타고 바다를 건너 가버나움으로 가는데 이미 어두웠고 예수는 아직 저희에게 오시지 아니하였더니 큰 바람이 불어 파도가 일어나더라"(요한복음 6:17-18)

사람들은 희망찬 내일을 준비하며 설레던 순간에 찾아온 당혹스런 위기 앞에 "왜 내게 이런 일이?"라는 질문을 수없이 던지곤 합니다.

앤드류도 대학 졸업 후 원하는 회사에 입사하기 위해 인터뷰 약속을 해 놓은 상태에서 급성 골수 백혈병 진단을 받았습니다. 인생에서 급브레이크가 걸리자 "왜 내게?"라고 질문할 때 풍랑을 만난 제자들의 이야기가 떠올랐습니다.

그때 제자들은 벳세다 들판에서 예수님이 베푸신 오병이어의 황홀한 기적을 경험한 직후에 또 다른 내일의 설레는 마음을 가다 듬고 가버나움으로 가고 있었습니다. 가버나움은 예수님의 여러 제자들의 집이 있는 곳이며 예수님의 선교사역의 임시 본부가 있던 곳이었습니다.

그런데 내일의 선교사역을 준비하러 집으로 가던 중에 큰바람 이 불며 파도가 일어 그들에게 위기가 닥쳤습니다. 이와 같은 위기 는 오늘의 제자들인 그리스도인 모두에게도 일어날 수 있습니다. 행복한 가정을 기대하며 집으로 가는 길목에, 주님이 기뻐하시는 일들을 추진하는 교회 봉사의 도상에서 큰바람이 불고 파도가 일 어나는 위기가 말입니다.

왜 이런 위기가 올까?
여러 가지 요인이 있겠지만 주님이 갈릴리 호수에서 사랑하는 그 제자들에게 이 위기를 허용하신 의도를 놓쳐서는 안 될 것입 니다.
주님은 그 제자들이 머지않아 갈릴리 호수를 넘어서 지중해로, 전 세계로, 복음을 들고 나가는 모습을 기대하셨기에 갈릴리 호수 의 항해 훈련을 허락하신 것입니다.

그때 제 마음속 한구석에선 사도행전 첫 무대인 오순절의 드라마틱한 은혜와 감격이 채 가시기 전에 사도행전 무대에서 더욱 크게 쓰임 받을 인재였던 스데반 집사님의 첫 순교의 스토리를 마음으로 나누고 싶었습니다. 그러나 '젊은 사람도 데려가시는 데에도 그분의 작정하신 뜻이 계시다는 사실을 나누는 것은 좀 잔인한 것 아닌가?'라는 생각이 들어서 갈릴리 제자들의 풍랑의 스토리를 앤드류와 나누었습니다.

"사랑하는 아들 앤드류야! 우리 인생의 도상에서 일어나는 큰 파도의 의미를 우리는 다 모른다. 그러나 우리들을 더욱 멋있게 사용하시려는 하나님의 뜻이 계심을 믿고 맡기자! 캘리포니아 해안에서 파도를 타는 서핑을 생각해봐. 바람이 없으면 서핑이 제대로 되지 않고 재미가 없겠지? 우리 인생에 찾아오는 큰 파도도 우리에게 재미있는 서핑이 될 수도 있지 않겠니?"

제 말에 앤드류는 "Yes! That's right! 아빠 말이 맞는 것 같아요!"라고 대답했습니다.

10
엘리베이터로만 오가면 되니
그것도 축복
Elevator's Blessing

"우리가 사방으로 욱여쌈을 당하여도 싸이지 아니하며 답답한 일을 당하여도
낙심하지 아니하며"(고린도후서 4:8)

'엎친데 덮친다'는 말이 있습니다.

한 번은 앤드류가 응급실에 실려 갔을 때 앤드류의 엄마인 아내
도 같은 병원에서 뇌수술을 받게 됐습니다. 아내는 지병으로 오랫
동안 약물 치료를 하다가 15년 전 UCLA 메디컬센터에서 측두엽
일부분을 절단하는 수술을 받았습니다. 그 후 괜찮다가 앤드류가
아프기 시작하고 얼마 후 지병이 재발해 그 부위를 좀 더 절단하는
큰 수술을 받게 되었습니다. 공교롭게도 같은 시기에 앤드류는 급

성 골수 백혈병으로 1층에 있는 응급실에 있고 아내는 7층에서 수술을 받게 되었습니다.

사랑하는 가족이 한꺼번에 여러 가지 일을 당하는 것은 당해보지 않은 사람은 모릅니다. 의학적으로 둘 다 심각한 병이고 앞날을 예측할 수 없는 힘든 상황에서 인생의 주인 되신 하나님께 엎드리는 일 외에 달리 무엇을 할 수 있을까요?

그때 불현듯 감히 견줄 수는 없지만 욥이 경험한 고난이 떠올랐습니다. 아니 하나님은 나를 욥처럼 만드시려는가? 아니 설교자로 살면서 예수님 믿으면 인생의 수고하고 무거운 짐들이 풀어지고 쉼을 주신다는 이야기를 성도들과 나누곤 했는데….
'물론 죄의 짐뿐 아니라, 우리의 연약함을 돌보시는 하나님의 사랑이 이런 것이라면 과연 이런 설교자의 삶이 성도들에게 득이 될수 있겠습니까? 하나님 너무 하시는 것 아닙니까? 수고하고 무거운 짐이 가벼워지는 것이 아니라 오히려 점점 무겁게 만드시는 것아닙니까?'하는 원망 섞인 한숨 가운데 결국 제가 할 수 있는 유일한 것은 다시 주님께 매달리는 일이었습니다.

저는 UCSF 메디컬센터 1층의 조그만 기도실에서 기도만 했습니다. 그리고 수시로 양쪽 병실을 오가며 문득 이런 감사가 떠올랐습니다.

'그래도 같은 병원이라 얼마나 다행인가? 병원이 달라서 이리저리 다니면 얼마나 더 힘들었을까? 엘리베이터만 타고 왔다 갔다 하는 것도 축복이 아닌가? 사도 바울도 수없이 엎친 데 덮친 역경의 시기를 보내신지라 자신의 경험을 「사방으로 욱여쌈을 당하여도」라고 표현하셨는데….

그런 엎친 데 덮친 역경의 시간에도 그가 낙심하지 아니한 이유를 우리도 붙잡을 수 있다면 살면서 닥치는 역경의 시간에 정말 큰 피할 길이 되지 않을까?'

사도 바울이 낙심하지 아니한 이유에 대해 그는 고린도후서 4장 1절에 그의 소명인 "직분 때문"이라 말하고 있습니다. 그를 부르시고 사명을 맡기신 그 소명은 바로 그가 체험한 "예수의 생명 때문"이라고 고린도후서 4장 10절에 말씀하셨습니다. 그리고 그 생명 때문에 그의 겉사람이 쇠퇴해져 가는 온갖 엎친 데 덮치는 가운데서도 그의 속사람이 날로 새로움을 경험하기에 낙심하지 아니한다고 고린도후서 4장 6절에서 강조해 말씀하신 바 있습니다.

우리가 엎친 데 덮치는 역경의 시간에서도 '예수의 생명'을 붙잡을 때 사방으로 욱여쌈을 당하는 시간은 여전히 피할 길이 열릴 것이라 믿습니다.

11
돈이 없어도 효도는 가능

Even if you do not have money

"네 아버지와 어머니를 공경하라 이것은 약속이 있는 첫 계명이니"(에베소서 6:2)

앤드류가 9살 때였습니다.

크리스마스 날 자신이 직접 만든 카드가 들어있는 봉투 하나를 저와 아내에게 주었습니다. 평소 용돈도 제대로 못 주었는데 저금통을 깨뜨려 마련한 선물인가 싶어 봉투를 열어보았습니다. 기대한 선물(?)은 아니었지만 아들의 깊은 정성과 마음을 느낄 수 있는, 결코 돈으로 환산할 수 없는 선물이 담겨있었습니다.

크리스마스카드에는 이렇게 쓰여 있었습니다.

● 아빠에겐 1장의 쿠폰

- 한 번에 200번, 8회에 걸쳐 사용할 수 있는 마사지 쿠폰

● 엄마에겐 3장의 쿠폰

- 엄마가 세탁기를 돌려 말린 옷들을 4회에 걸쳐 정리

- 부엌마루 바닥 8회에 걸쳐 청소

- 접시 닦기 4회

그날 받은 마사지 쿠폰 8회를 다 사용한 기억은 없습니다.

아마도 마사지를 한 두 차례는 받은 것 같습니다. 그러나 제가 사용하고자 할 때 앤드류는 "자유시간(free time)에 하겠다"라고 말하곤 했습니다. 훗날 천국에 가면 앤드류에게 크리스마스 선물로 받은 마사지 쿠폰을 모두 사용하겠습니다. 물론 성경에 보니 천국에 가면 마사지를 받을 필요가 없을 거라고 생각됩니다. 그곳은 눈물과 애통, 슬픔, 피곤함이 없는 곳임을 알고 있기 때문입니다.

9살 나이에도 유머와 사랑이 넘쳤던 아들의 효도 그리고 그가 주님 품으로 떠날 때까지 부모에게 주었던 많은 사랑의 선물들은 일일이 거론할 수 없을 정도입니다.

"아들아! 부모를 향한 사랑의 쿠폰은 여전히 우리 마음속에 남아 있단다. 고마워!"

12
십자가의 고통 중에도
어머니를 배려하던 예수님처럼
Like Jesus Caring for his mother at the Cross

"예수께서 자기의 어머니와 사랑하시는 제자가 곁에 서 있는 것을 보시고 자기 어머니께 말씀하시되 여자여 보소서 아들이니이다 하시고"(요한복음 19:26)

십자가 처형으로 임종의 시간이 가까이 다가온 예수님은 필경 거친 호흡과 육신의 한계상황 끝에서 느끼는 고통의 클라이맥스에 계셨습니다.

그 마지막 심장이 멎기 전 예수님은 혼신을 다해 자기를 이 땅에 육신의 산고로 낳아준 어머니 마리아를 바라보시며, 타는 목마름 가운데서도 그가 이 세상에서 처음 불렀던 엄마(어머니)를 부르셨습니다. 그리고 그 어머니를 향한 그의 마지막 사랑과 배려를 위해 그의 제자인 요한에게 어머니를 돌볼 것을 부탁하셨습니다(요한복음 19:26-27).

앤드류가 하늘나라로 부름을 받기 6개월 전 새로운 기대를 갖고 새로운 임상치료를 위해 스탠퍼드 대학병원으로 가게 되었습니다. 그러나 기대와는 달리 임상치료실이 아닌 중환자 수술실로 가게 되었습니다. 앤드류는 이미 새로운 치료를 받을 수 있는 상태가 아니었습니다. 호흡이 거칠어지고 온몸이 심하게 부어올라 심각한 상태가 되었습니다. 앤드류는 산소 호흡기를 대고 거친 호흡을 몰아쉬었습니다. 가족을 수술실 밖으로 불러낸 담당 의사는 "아마도 오늘 밤을 넘기지 못할 것"이라고 말했습니다.
우리는 모두 망연자실했습니다.
오늘 밤을 넘기지 못하다니….

이별의 순간이 이렇게 빨리 오리라고는 아무도 생각하지 못했습니다. 분명 좋으신 하나님이 예비하신 좋은 길이 있으리라 믿었고, 유명한 병원 의료진의 명성도 은근히 기대하며 이곳까지 어렵게 왔는데 오늘 밤이라니…. 오늘 밤이 지나가기 전에 무엇을, 어떻게, 준비해야 한단 말입니까? 앤드류와 어떤 작별인사를 해야 한단 말입니까?

그때 앤드류는 혼수상태에서 잠시 정신을 차렸습니다. 그리고는 산소 호흡기를 벗겨달라고 했습니다. 이미 눈물범벅이 되어 초조하게 자리를 지키던 누나 한나와 형 조슈아 그리고 엄마 아빠를 향해 쳐다보던 앤드류는 마치 마지막 말을 하듯 입을 열어 말했습니다.

"엄마, 집에 가서 쉬어!"

호흡이 거칠고 온몸이 심하게 부어올라 치료도 할 수 없을 만큼 심각한 상태에서도 앤드류는 엄마가 얼마 전 큰 수술을 받은 것을 기억하고는 엄마에 대한 염려의 마음을 전했습니다.

얼마나 정 많고 마음이 따뜻한 아들인지….

이런 아들을 우리가 어떻게 쉽게 잊을 수 있을까요?

Am I that easy to forget?

언젠가는 나도 삶의 무대에서 퇴장할 순간이 올 텐데, 그때 앤드류처럼 남겨진 사람들에게 배려의 마음을 전할 수 있을까? 자문하게 됩니다.

아니 그렇게 하고 싶습니다. 설령 내 삶의 마무리 과정이 무척 힘들고 어렵더라도 사랑하는 사람들을 배려하고 축복하며 떠나고 싶습니다. 그리고 앤드류 만큼이나 아름다운 생의 마지막을 보낸 한 분이 있기에 그 이야기를 전합니다.

불치의 암으로 상태가 위중한 장로님을 방문할 때였습니다.

보통은 병상에 누워 계신 분들을 방문해 기도드리는 것이 일반적인데 그 장로님은 자신을 찾아와준 사람들의 손을 일일이 붙잡고 오랫동안 축복의 기도를 해주셨습니다. 저를 위해서도 뜨겁고 간절히 기도하시던 모습은 아름다운 기도였다는 이미지로 저에게 남아있습니다. 예수님을 믿는 제자로서 비록 몸은 병상에 있어도 아름다운 사명을 감당하는 것이 얼마나 귀한 일인지를 깨우쳐 주셨습니다.

앤드류는 2015년 1월 초에 스탠퍼드 대학병원 중환자실에서 "오늘 밤을 넘기기 어렵다"는 선고를 받았지만, 하나님께선 그 후로도 6개월 동안 생명의 시간을 연장케 하시는 기적을 보이셨습니다. 돌아보면 그 시간이 얼마나 큰 축복과 감사의 시간이었는지 깨닫게 됩니다.

자신의 삶의 마지막이 될 수도 있는 급박한 순간에 가쁜 숨을 몰아쉬면서도 남겨질 가족과 친구들에게 전한 앤드류의 배려와 사랑의 눈빛은 우리들의 마음속에 영원히 함께 할 것입니다.

13
한 번 친구는 영원한 친구, 어떻게?

A friend is an eternal friend, How?

"내 계명은 곧 내가 너희를 사랑한 것 같이 너희도 서로 사랑하라 하는 이것이

니라 사람이 친구를 위하여 자기 목숨을 버리면 이보다 더 큰 사랑이 없나니

너희는 내가 명하는 대로 행하면 곧 나의 친구라"(요한복음 15:12-14)

인생은 '얼마나 오랜 세월을 살았냐'보다 삶의 발자취가 얼마나
아름다웠냐'라는 사실이 더 중요하다는 것을 앤드류를 보내면서
경험했습니다.

앤드류에게는 아주 친한 친구 세 명이 있었습니다. 알렉스라는
친구는 앤드류와 생일마저 같은 날이라 대학에서 특별한 친구관

계로 발전했습니다.

알렉스를 비롯한 세 명의 친구는 앤드류가 입원한 병원에 거의 매일 찾아왔고 그가 마지막 떠날 때도 함께 했습니다. 이중 알렉스는 그때까지 그리스도인이 아니었습니다. 그를 볼 때마다 마음에 많은 부담을 느끼던 차에 알렉스와 조용히 이야기를 나눌 시간이 있었습니다.

"알렉스, 정말 고맙다. 너도 직장 생활하느라 힘들 텐데 퇴근해서 밤늦게까지 병원에서 앤드류와 함께 하는 게 얼마나 힘드니… 앤드류는 네가 있어서 엄청나게 힘이 날거다. 그런데 앤드류의 병이 어쩌면 고치기 힘들 수도 있다는 거 너도 알지?"

그러자 알렉스는 "저도 알아요"라고 답했고 저는 속에 있던 이야기를 꺼냈습니다.

"그런데 만약 앤드류가 이 세상을 떠나면 너희들의 우정이 이것으로 끝나 버릴 것 같아 안타깝다. 너도 알다시피 앤드류는 예수님을 믿잖아. 너도 지금이라도 예수님을 믿으면 이 땅에서 어떤 이별이 온다 해도 너희들의 우정은 영원히 계속될 수 있어. 그러길 원하지 않니?"

알렉스는 바로 대답했습니다.

"Yes, I want it. 네 그러고 싶어요!"

그의 대답을 듣고 잠시 예수님이 이 땅에 오심에 대한 의미를 나누었습니다. 그리고 알렉스는 예수님을 영접하였고 그 즉시 성경을 읽었으며 앤드류의 마지막 날까지 앤드류 곁에서 성경을 읽어 주었습니다. 그것은 너무나도 아름다운 영원한 친구의 모습이었습니다.

우리가 이 땅에 살면서 진정으로 사랑하고 삶을 함께했던 가족, 친구… 그들과의 관계가 이 땅에서는 언제까지나 지속될 수 없습니다. 언젠가는 모두 다 이별을 하게 되기 때문입니다. 그러나 이 땅에 사는 동안만이 아니라 우리가 사랑하는 이들과의 관계를 영원히 지속할 수 있다면, 우리는 그 특권을 함께 나누어야 하지 않을까요?

우리는 살면서 사랑하는 이들을 위해 시간, 물질, 헌신 등 많은 것을 투자합니다. 특히 사랑하는 자녀들의 학업을 위해 그리고 성공을 위해 많은 과외 수업 등, 우리가 쏟아 부은 열정들은 일일이 열거할 수 없을 정도입니다.

그러나 우리가 사랑하는 이들의 이 땅에서의 행복과 성공만을 바라는 것이 전부일까요? 혹시 그들의 이생 이후에 대해서는 너무도 무관심한 것은 아닐까요?

성경은 한번 왔다 가는 인생 이후에 영원함이 지속되는 천국과

지옥이 있다는 사실을 분명히 강조함을 기억해야 합니다.

예수님은 바로 그것을 위해 이 땅에 오셨습니다. 그때 지금의 우리들처럼 땅에서의 행복만을 위해서 살아가던 이스라엘 사람들을 만나 저 영원한 하나님 나라를 그의 온몸으로, 온갖 기적을 통해 보여주셨습니다. 그리고 이에 대해 말씀하시고 가르쳐주셨습니다.

심지어 그의 모든 삶의 여정을 마감하시는 순간인 예수님의 십자가 사건 속에서도 그 영원한 휄로우십(fellowship)의 기적이 일어나는 장면을 볼 수 있습니다. 십자가 사형 동기생이었던 한 강도도 짧은 인생의 한 모퉁이에서 예수님을 만났을지라도 예수님과 영원한 시간을 함께하는 천국의 동기생이 된 것처럼 말입니다(누가복음 23:42-43).

14

앤드류의 세례식

Andrew's Baptism

"그러므로 너희는 가서 모든 민족을 제자로 삼아 아버지와 아들과 성령의 이름으로 세례를 베풀고 내가 너희에게 분부한 모든 것을 가르쳐 지키게 하라"

(마태복음 28:19-20)

세례(침례)는 인생의 장에서 하나님께서 내 인생의 주인이 되시며 나의 영원한 삶의 축복 속으로 인도하게 하신 예수님을 믿는 믿음의 공적인 표현입니다.

지나온 2000여 년 기독교 역사를 통해 예수님이 가르쳐 주신 진리를 받아들인 모든 사람들은 그리스도의 제자로 살아가기 위한 결단을 사람들 앞에서 공개적으로 시행하였습니다. 어떤 경우에는 그 사실로 인해 죽음을 각오하는 상황이 되어도 그들은 그렇게 저들의 믿음을 표현하였습니다.

앤드류가 비록 PK(Pastor's Kid/ 목사의 자녀)로 태어났지만, 그의 신앙적 결단을 존중하여 억지로 그의 신앙을 고백하는 침례나 세례 의식을 강요하지는 않았습니다. 그의 마음으로 예수님을 영접했고 믿음의 생활을 해왔지만 그의 침례식을 통한 신앙 고백의 기회를 그동안 갖지 못했습니다. 그런데 앤드류가 아프고 난 후 비로소 병원에서 그 기회를 가질 수 있었습니다.

세상을 떠나기 3주 전 병실과 같은 층에 있는 콘퍼런스 룸을 빌려, 함께 예수님을 믿게 된 친구 알렉스와 더불어 세례식을 갖게 되었습니다. 아버지는 침례교회 목사이지만, 필요한 경우 세례를 베풀 수 있다는 것도 얼마나 큰 축복인지를 경험하는 기쁜 시간이었습니다.

우리 가족, 그의 많은 친구들 그리고 간호사와 의료진도 함께하며 축하하는 아주 특별한 시간이었습니다. 그리고 그때 앤드류는 친구들과 마지막으로 사진 촬영을 했고 가족들과는 마지막 가족 사진을 찍었습니다.

신앙을 고백하는 것은 어느 장소, 어느 환경에서도 가능하고 이것을 지켜보는 이들에게 또 다른 큰 도전이 된다는 것은 그리스도인으로서 느끼는 존귀한 특권이 아닐 수 없습니다.

앤드류의 세례식.
이 땅에서 마지막이 된 가족사진

15
하나님의 스토킹

MOON COPY ME? God's Stalking

"여호와 하나님이 아담을 부르시며 그에게 이르시되 네가 어디 있느냐"(창세기
3:9)

자기는 전혀 원하지 않는데도 불구하고 정말 귀찮게, 심지어 병
적으로 따라다니면서 집착하는 사람을 '스토커'라고 합니다.
그런데 하나님도 스토커인 것을 아시나요?
사람을 창조하신 하나님은 그가 만드신 사람들 모두를 향하여
여전히 스토킹하고 계십니다.

앤드류가 3~4살 때 한 번은 "달이 나를 계속 따라 온다"는 것을

영어로 "Moon Copy Me"라고 표현해 온 가족이 웃었던 추억이 있습니다. 순수하고 어린 마음 그대로를 보여주었던 그 추억을 떠올리며 "달과 별 그리고 해를 만드신 창조주 하나님께서 우리 인생 여정을 계속 따라오시면서 말씀을 나누고 싶어 우리를 부르신다" 라는 이야기를 나눈 적이 있습니다. 하나님은 정말 집요한 스토커처럼 따라오십니다. 왜냐구요? 여전히 우리를 사랑하시기 때문입니다.

첫 동산에 살던 아담과 하와가 비록 그들을 만드신 하나님을 외면하고 하나님이 주시는 행복이 아닌 그들을 행복하게 만들어 줄 것 같은 다른 것, 사탄을 따라갔습니다. 결국 그들은 그 낙원에서 추방을 당했지만 그 러브 스토리는 거기서 허무하게 끝나지 않은 것이 얼마나 다행인가요?

그대로 포기하기에는 너무도 사랑하는 사람들, 하나님의 형상으로 지으셨기에 "아담아, 아담아, 네가 어디 있느냐?"라고 에덴동산에 메아리치던 하나님의 음성은 우리가 어느 곳에 있던지 찾아오시고 산을 넘고 물을 건너 깊은 산중이나 황량한 사막 한복판에도, 아니 내일을 기약할 수 없이 가쁘게 숨을 몰아쉬는 병원 중환자실까지 따라오십니다.

"아직 너에게 할 말이 있다···. 아직도 너희들을 사랑한다···."

16
기억을 다 잃기 전에 하고 싶은 말

Before I lose my memory…

"너는 청년의 때에 너의 창조주를 기억하라 곧 곤고한 날이 이르기 전에, 나는 아무 낙이 없다고 할 해들이 가깝기 전에"(전도서 12:1)

미국에서도 많은 한인 교포들이 자녀들을 명문대에 입학시키기 위해 한국에서처럼 과외나 학원 등을 보내기도 합니다. 하지만 이민 목회자 가정에서 태어난 앤드류는 경제적 지원을 할 수 없는 상황이었기에 학원이나 과외 수업은 받은 적이 없습니다.

앤드류는 학교 공부만으로 버클리대학에 입학했습니다. 제 아들이지만 너무도 뿌듯하고 대견했습니다.

앤드류는 어려서부터 "머리가 좋다" "똑똑하다"는 말을 많이 들었습니다. 알다시피 버클리대학은 세계적으로 명문대학 리스트에서 항상 상위권에 랭크될 만큼 아무나 입학할 수 있는 학교가 아닙니다. 소위 명석한 두뇌를 소유한 수재들이 입학할 수 있는 학교입니다.

그런데 어느 날부터 이상한 일이 생겼습니다.

꽤 오랜 시간 병원에서 생활한 앤드류는 웬만한 의학용어는 다 외워 전문가가 되었기에 의사들을 놀라게 하기도 했습니다.

어느 날 주사를 놓기 위해 앤드류의 생일을 물었는데 아이가 한참을 머뭇거리며 대답을 망설였습니다.

미국에서는 혹시라도 환자가 뒤바뀌는 사태를 방지하기 위해서 주사를 놓을 때마다 환자의 이름, 나이, 생년월일을 묻습니다. 그러니 얼마나 많이, 셀 수 없을 만큼 자신의 생년월일을 대답했을까요. 그런데 습관처럼 나오던 그 대답을 망설인 겁니다. 앤드류 몸의 나쁜 혈액들이 뇌에까지 침범해 기억에 문제를 일으키게 된 것이었습니다.

주사를 맞고 한참 후에 정신을 차린 앤드류는 병실에서 함께 있던 아빠에게 할 말이 있다고 했습니다.

"Daddy, Before I lose my memory, I want to say "Dad I

love You! 아빠 내가 기억을 잃어버리기 전에 말하고 싶은 게 있어. 아빠 사랑해!"

어떻게 보면 자녀가 부모에게 사랑한다는 소박하고 단순한 말입니다. 그러나 그 순간 제게 그 말은 너무도 감동이었습니다. 앤드류가 제게 전한 "사랑한다"는 말은 영원히, 평생토록 잊을 수 없을 것입니다.

미국에서 9.11 테러 사건이 발생했을 때 비행기가 추락하기 직전 탑승객들이 가족에게 남긴 말도, 세월호 사건 때 배가 침몰하는 그 순간 학생들이 휴대폰을 통해 가족들에게 남긴 마지막 말도 바로 "사랑해!"였습니다.

앤드류는 생명이 꺼져가는 상황 속에서도 컨디션이 괜찮으면 병실 머리맡에 놓인 성경책을 읽었고 태블릿을 통해 인터넷으로 예배나 설교 찬양을 듣곤 했습니다. 그러다가 점점 기력이 떨어진 후에는 저와 함께 작은 카드에 적힌 성경 구절을 하루 몇 차례 읽고 그 말씀으로 큐티를 나누며 기도하곤 했습니다.

그의 기억이 남아 있는 동안 하나님이 우리를 사랑한다고 하신 그 말씀을 기억하려 애쓴 아들의 모습을 기억하는 것이 얼마나 큰 축복인지요!

"아빠, 내가 기억을 잃어버리기 전에 말하고 싶어. 아빠 사랑해!"

우리의 기억이 아직 활동하고 있을 때, 요즘 많은 사람들이 두려워하는 치매 증상처럼 혹 기억력에 문제가 생기기 전에, 우리의 입술을 열어 우리가 사랑하는 사람들을 축복하며 사랑을 고백할 수 있는 특권을 사용했으면 좋겠습니다.

우리 인생의 주인 되신 아버지 하나님께 우리의 사랑을 고백하며, 더불어 함께 살고 있는 가족과 친구, 이웃들에게 마음을 다해 사랑한다고 고백할 수 있음이 얼마나 큰 축복인지요!

17
앤드류의 마지막 산책
Andrew's last walk

"내일 일을 너희가 알지 못하는도다 너희 생명이 무엇이냐 너희는 잠깐 보이

다가 없어지는 안개니라"(야고보서 4:14)

앤드류는 시간 날 때마다 골든게이트브리지(금문교)가 내려다보
이는 산책로를 즐겨 찾곤 했습니다. 병원에서 잠시 집에 왔을 때,
그가 떠나기 불과 4개월 전 다시 그 산책로를 찾아 사진 한 장을 남
겼습니다. 그러나 누가 알았겠습니까? 그 사진의 배경이 된 샌프
란시스코 바닷가에 몇 달 후 그의 몸이 한 줌의 재가 되어 뿌려질
것을 말입니다.

샌프란시스코에는 유명한 롬바드의 꽃길이 있고, 샌프란시스코의 랜드 마크인 골든게이트브리지(금문교)가 있습니다. 샌프란시스코를 방문하는 사람들은 대체로 금문교를 가장 먼저 방문합니다. 그런데 금문교는 안개에 둘러싸이는 날이 많아 선명하게 볼 수 있는 날이 그리 많지 않습니다.

저는 1970년 초반, 한국에 팝뮤직이 홍수처럼 밀려오던 시절 거기에 심취되어 음악 감상실 DJ로 활동한 적이 있습니다. 그 시절 "만약 당신이 샌프란시스코에 간다면"이라는 팝송을 들으며 막연히 "언젠가는 샌프란시스코라는 도시에 가보겠다"는 동경의 마음을 갖기도 했습니다.

그런데 한참 시간이 흐르고 드디어 찾은 그 도시 샌프란시스코는 더 이상 청년기에 동경하던 도시가 아니라 어린 막내아들을 떠나보낸 도시가 될 줄 누가 알았겠습니까?

앤드류는 가끔 부모 세대 유행하던 올드 팝송을 즐겨 들었는데 특히 (2016년 노벨문학상 수상자인) 밥 딜런이 1973년 발표한 '천국의 문을 두드리라(Knockin' On Heaven's Door)'는 노래를 좋아했습니다. 앤드류가 좋아했던 노래 제목처럼 천국의 문을 두드리는 자들에게 하나님은 지금도 그 문을 활짝 열어주기 위해 기다리십니다.

밥 딜런은 예수님의 가르침에 심취하면서, '슬로 트레인 커밍 (Slow Train Coming)'이라는 가스펠 음반을 출시해 그래미상을 탄 뒤 '복음 전도자'라는 이미지의 가수로 다시 태어났습니다.

비록 현재 밥 딜런이라는 가수에 대해 전도자의 이미지로 기억하는 사람은 많지 않습니다. 그럼에도 그는 분명히 신앙을 고백한 그리스도인으로 살고 있습니다. 앤드류처럼, 그리고 밥 딜런처럼 인생의 여러 가지 질문에 대한 대답이 스쳐가는 바람 속에 있지 않고 예수 그리스도 안에 있음을 안다는 것은 너무도 큰 축복입니다.

18

앤드류의 마지막 말들

Andrew's last words

"내 아들 솔로몬아 너는 네 아버지의 하나님을 알고 온전한 마음과 기쁜 뜻으로 섬길지어다"(역대상 28:9)

인간은 본능적으로 이생을 떠나기 전에 자신의 마지막 발자취를 남겨 놓으려합니다.

칼 마르크스는 "마지막 하고 싶은 말 있는가?"라는 질문에 "시끄러워. 나가"라고 답했고, 19세기 미국의 유명한 비즈니스맨이자 쇼맨 그리고 정치가이기도 했던 바넘(P.T. Barnum)은 평소에도 "내 관에 돈을 넣으라"는 말을 자주 했다는데 정말 그의 마지막 말은 "오늘은 얼마 벌었지?"였다고 합니다.

앤드류는 생을 마감하기 마지막 며칠간 의식이 있었지만 특징적으로 남긴 말은 없습니다. 그러나 그가 마지막 한 달여간 가장 자주 했던 말은 "하나님 사랑해요, 가족들 사랑해, 친구들아 사랑해"라는 말이었습니다.

예수님도 가장 큰 계명은 "하나님 사랑과 이웃 사랑"이라고 하셨는데 앤드류 역시 "사랑한다"는 말을 유일하게 남겨놓고 싶었던 것 같습니다.

다윗도 마지막 떠날 때 그리했습니다.

다윗은 아들 솔로몬을 불러 마지막으로 남기고 있는 것으로 "지금껏 경험해 온 신앙의 유산을 물려주고 싶다"고 했습니다.

"너는 네 아비가 믿어온 하나님을 알아야 한다"라는 다윗의 말은 "그 분을 만나야 된다"는 뜻입니다. 과연 다윗의 하나님은 어떤 분이셨습니까?

그분은 거룩하신 하나님이셨습니다. 그래서 다윗이 범죄 할 때 그의 범죄를 아파하시며 그의 죄를 심판하시던 공의의 하나님이셨습니다.

우리도 어느 날 사랑하는 가족들 곁을 떠나야 할 때, 마지막 호흡을 몰아쉬며 남기고 싶은 말이 있다면 어떤 것일까요?

한편, 하나님은 다윗이 울며 용서를 구할 때 "허물의 사함을 받고 그 죄의 가리움을 받은 자는 복 되도다"라며 그를 용서하고 사랑하셨습니다. 또한 다윗의 하나님은 다윗이 사는 동안 신실하게 약속을 지키며 그를 돌보셨습니다.

그래서 다윗은 세상을 떠날 때 사랑하는 아들 솔로몬에게 행복이 그 왕국에 있지 않고, 돈과 부와 명예에 있지 아니하고 오직 하나님께 있음을 기억하라고 한 것입니다. 오직 그 분만을 온전한 마음으로 섬기도록 그 자신이 믿어 온 신앙 유산을 물려준 것입니다.

앤드류도 그런 심정으로 떠났습니다.

저 역시 삶의 마지막 날, 남겨지는 가족들과 사랑하는 이들을 향해 이러한 고백을 남기고 싶습니다.

19
죽음에 직면하는 여유

Facing death with a peaceful mindset

"사망아 너의 승리가 어디 있느냐 사망아 네가 쏘는 것이 어디 있느냐"(고린도전서 15:55)

미국의 7월 4일은 독립기념일이라 전날 밤부터 미국 어느 도시나 불꽃놀이를 위한 폭죽 소리로 요란합니다.

미국인들이 가장 자랑스러워하는 날, 우리는 의료진으로부터 "앤드류의 온몸과 머리에 나쁜 혈액 세포가 가득 차있어 여러 가지 보조 기구를 연결한 것이 치료에 아무런 의미가 없다"라는 말을 듣게 되었습니다. 그런데 앤드류는 마지막 날이 가까워올수록 오히려 얼굴과 표정에 설명하기 힘든 평온과 여유가 번졌습니다.

그런 아들을 바라보는 저와 가족의 심정은 말로 설명하기 힘들 만큼 불안하고 초조하고 아팠습니다. 하지만 앤드류는 하나도 아프지 않은 사람 같았습니다.

"먹고 싶은 것 없니?"라고 묻자 "스타벅스에서 파는 모닝 번이 먹고 싶어요"라고 했습니다. "그래. 금방 사 올게"라고 대답하고 병실을 나와 곧 사다 주었습니다.

앤드류는 먹는 시늉은 했지만 목으로 넘기지는 못했습니다. 그리고 그렇게 먹고 싶어하던 모닝 번이 앤드류의 마지막 식사가 되었습니다. 그때 앤드류는 너무 행복해 보였습니다.

마치 "평안을 너희에게 끼치노니 곧 나의 평안을 너희에게 주노라 내가 너희에게 주는 것은 세상이 주는 것과 같지 아니하니라 너희는 마음에 근심하지도 말고 두려워하지도 말라"(요한복음 14:27)의 말씀처럼 평안으로 가득 차 보였습니다.

그때 아내와 저 그리고 우리 가족은 결단을 내려야 했습니다.

하나님이 앤드류 몸에 달려있는 보조 기구들을 떼어놓기 원하신다면 기적을 베푸실 수 있노라 믿으며, 기도했습니다. 그리고 호흡을 도와주는 보조 기구를 제외한 앤드류 몸에 연결되어 있던 여러 개의 주사 연결 루트를 떼어냈습니다. 어쩌면 이제 마지막 시간이 될 수 있음을 예상하며 병원의 맨 위층에 마련된, 마지막 시간을 준비하는 특실로 옮겼습니다. 그때까지는 의식이 있는지라 앤드류의 친구들 직장동료들과 작별할 시간을 갖도록 했습니다.

2015년 7월 3, 4, 5일은 미국의 독립기념일 연휴로 많은 사람들이 저마다의 일정으로 바쁜 시간을 보냅니다. 그럼에도 앤드류의 친구들은 다시 한 번 그의 병실을 찾았고 앤드류 역시 그들과 일일이 포옹하며 따뜻한 미소로 인사했습니다. 마치 친구들과 피크닉 나온 것처럼 생글생글한 미소로 그들을 맞이하는 모습을 보며 몇 년 전 천국으로 떠난 제 아버지이자 앤드류 할아버지 생각이 났습니다.

  제 아버지는 병원에서 의료진으로부터 더 이상 해드릴 것이 없다는 선고를 받으신 후 집으로 오셨습니다. 그리고 집에서 자식들과 함께 마지막 수 주간을 보내실 때 곁을 지키는 자식들에게 "옷장을 열라"고 하셨습니다.

  옷장에는 평소 멋쟁이로 소문난 아버님이 애지중지하시던 넥타이, 외투, 모자, 시계 등이 있었고 아버지는 그 모든 것을 우리들에게 나누어주셨습니다. 물려줄 땅, 현금, 은행 계좌는 없으셨지만 옷장을 열 때마다 "그 옷 맞는 사람 입어라. 가지고 싶은 것 내 앞에서 입어보고 마음에 들면 가져라. 너 그거 참 잘 어울린다. 너한테 아주 잘 맞는구나"라며 흡족한 미소를 지으셨습니다. 그리고 "소풍 잘했다"라는 말씀을 마지막으로 하늘나라로 떠나셨습니다.

  사랑하는 앤드류도 마치 할아버지처럼, 그의 친구들과 사랑하는 가족들 한 사람 한 사람에게 웃음을 지으며 축복 속에서 미국의 독립기념일이 사흘 지난 7월 7일 오후 1시에 주님의 부름을 받았습니다.

마침내 앤드류는 그를 묶고 있던 육신의 장막을 벗어나 독립을 했습니다. 오랫동안 UCSF 메디컬센터 이곳에서 저곳으로 옮겨 다니던 지긋지긋한 병실들로부터 독립을 했습니다. 오랫동안 그를 짓누르던 질병으로부터 완전한 독립을 한 것입니다. 그리고 드디어 그가 소망하며 의지하던 주님 품에 안겼습니다.

앤드류의 대학 친구 마빈은 당시 하버드 대학원에 다녔는데 독립기념일이라 비행기 티켓을 구하지 못해 앤드류가 하늘나라로 떠나고 1시간이 지난 후에 병실에 도착했습니다. 그는 이미 영혼이 떠난 친구를 바라보며 울다가 웃으며 대화를 했습니다. 그 모습은 참으로 아름다운 우정 그리고 한 번밖에 없는 소중한 인생을 함께할 수 있다는 것이 얼마나 큰 축복인가를 느끼게 해주었습니다.

비록 앤드류의 영혼은 막 그 육신의 장막을 떠났지만 우리 인생의 주인되신 하나님께서 우리에게 그동안 맡겨주셨던 소중한 선물 앤드류, 그 스마일 보이의 행복한 미소는 병실 안 가족들과 친구들을 향해 여전히 말하고 있었습니다. "이제는 여기서 작별할 시간이야"라고.

20

너도 가도 또 나도 가야지

You go and I must go too

"그 후에 예수께서 나인이란 성으로 가실새 제자와 많은 무리가 동행하더니 성문에 가까이 이르실 때에 사람들이 한 죽은 자를 메고 나오니 이는 한 어머니의 자요 그의 어머니는 과부라 그 성의 많은 사람도 그와 함께 나오거늘"(누가복음 7:11-12)

제 아버지이자 앤드류의 할아버지이신 이상규 집사님의 묘비에는 생전에 애창하시던 "아 목동들의 피리 소리, O Danny Boy"의 가사 중 한 구절인 "너도 가고 또 나도 가야지"라는 글이 쓰여 있습니다. 누구든 가야 하는 그 길… 앤드류도 할아버지를 따라 그 길로 갔습니다.

그 길은 끝도 없이 긴 역사의 행렬로 이어져 온 길이었습니다.

그러나 그 길은 두 종류의 행진의 길입니다.

누가복음 7장 나인성 과부의 젊은 아들의 시신을 메고 마을 밖으로 나오던 장례행렬의 길과, 그 나인성 사람들을 살리려 그 마을에 들어가시던 예수님을 중심으로 따르던 제자들의 행진의 길이었습니다.

"그저 몇 살까지 살다가 죽었더라"는 죽음의 행렬과 "나는 부활이요 생명이니 나를 믿는 자는 죽어도 살리라"는 생명의 행진 길….

앤드류는 할아버지가 가신 그 길로 우리 보다 먼저 갔습니다.

앤드류가 세상 떠나기 10년 전 할아버지 묘에서

21
좋으신 하나님
God is so Good

"너희가 악한 자라도 좋은 것으로 자식에게 줄 줄 알거든 하물며 하늘에 계신 너희 아버지께서 구하는 자에게 좋은 것으로 주시지 않겠느냐"(마태복음 7:11)

우리 인생의 주인 되시며, 디자이너시고, 우리의 모든 필요와 약함을 알고 계신 하늘에 계신 아버지는 우리의 가장 최선의 것, 최선의 타이밍을 알고 계시기에 그간 우리의 모든 필요에 그 모든 좋은 것으로 함께 해주셨습니다. 비록 그때 우리는 이 땅에서의 앤드류의 생명 연장을 위해 계속 기도했지만, 하나님은 더 좋은 최선의 것, 최선의 장소인 영원한 천국으로 앤드류를 데려가셨습니다.

의료진은 앤드류가 떠났음을 공식적으로 전했습니다.

그때 저와 아내, 형 조슈아, 형수인 은주, 어린 두 조카 그리고 누나인 한나와 친구 알렉스, 아그네스가 모두 함께 손을 붙잡고 "God is so good 좋으신 하나님" 찬양을 드렸습니다.

God is so good

God is so good

to Andrew and to us

좋으신 하나님

좋으신 하나님

참 좋으신 앤드류의 하나님

그리고 우리의 하나님

찬양과 함께 그동안 사랑하는 앤드류를 우리에게 선물로 허락하셨던 하나님께 감사의 기도를 드렸습니다.

22

앤드류의 두 분의 멘토 전도사님들
'다니엘과 프레드'

Andrew's two mentors-Daniel & Fred JDSN

"또 네가 많은 증인 앞에서 내게 들은 바를 충성된 사람들에게 부탁하라 저희 가 또 다른 사람들을 가르칠 수 있으리라"(딤후 2:2)

오전에는 본인의 결혼식을 하고 오후에는 사랑하는 제자의 장 례식 메시지를 전하는 기막힌 타이밍도 흔치 않을 것입니다. 앤드 류에게는 중·고등학교 시절 아빠가 목회한 이민 한인교회 영어 학생부를 담당하던 너무도 귀한 두 분의 인생 멘토, 다니엘과 프레 드 전도사님이 계십니다. 다니엘 서 전도사님은 독일 국적의 한인 2세이며, 다니엘의 오랜 친구인 프레드 전도사님은 일본인 2세 미 국인입니다.

당시 전도사님이셨던 다니엘 선생님은 현재 선교사님이 되어 제3국에서 사역 중으로 조금 늦은 나이에 선교지에서 만난 또 다른 선교사님과 결혼을 하셨습니다. 신랑이 된 다니엘 선교사님은 샌프란시스코에서 한 시간 남짓 남쪽에 위치한 실리콘밸리 산호세에서 오전에 본인 결혼식을 하고 결혼식을 마치자마자 달려와 오후에 치러진 앤드류의 장례식에서 메시지를 나누어주셨습니다.

정말 기막힌 타이밍으로 하나님이 예비하신 축복의 시간이 아닐 수 없습니다. 제3국에 선교사로 계셨다면 앤드류를 방문하는 것이 참 어려우셨을 텐데, 마침 본인들을 파송한 교회에서 결혼식을 하게 되어 미국을 방문하게 되었고, 앤드류가 세상을 떠나기 이틀 전 병원을 방문하여 울면서 기도해주었습니다. 그리고 며칠 후 결혼식을 치르고는 다시 찾아와 앤드류의 장례예배에 참석한 것입니다.

앤드류는 중·고등학교 시절 여름이 되면 다니엘 선교사님이 공부하시던 골든게이트 신학교에 따라가 전도사님과 함께 지내기도 했습니다. 프레드 전도사님 역시 앤드류와 영적으로 교제하면서 친한 친구이자 가족같이 지냈습니다.

프레드 전도사님은 부모의 조국인 일본 대학에서 교수로 활동하며 선교 활동 중이십니다. 그런 두 분께서 앤드류의 멘토가 되셨고 그의 마지막 여행길에 장례 예배에 참석한 가족, 친지, 많은 친구들에게 아주 중요한 가르침과 메시지를 전하셨습니다.

앤드류는 생의 마지막 순간, 자신을 사랑하며 축복하고 삶을 나누었던 많은 사람들과 아름다운 이별을 나누었습니다. 서로의 삶을 사랑하고 축복하며 기쁨과 슬픔을 나누었던 사람들과의 이별은 슬픔만이 아니라 아름다움도 함께 합니다. 언젠가 우리는 하늘나라에서 다시 만날 것이라는 축복을 알기에 말입니다.

앤드류의 고등학교 졸업을 축하하던 다니엘과 프레드 전도사님

23
당신의 사랑
Your Love

"누가 우리를 그리스도의 사랑에서 끊으리요 환난이나 곤고나 박해나 기근이나 적신이나 위험이나 칼이랴"(로마서 8:35)

사랑하는 사람에 대한 사랑은 오랜 시간이 지나가도 여전합니다. 엔니오 모리꼬네가 만든 서부 영화 Once Upon a Time in The West의 주제 음률에 Your Love란 가사를 붙여 만든 노래는 안드레아 보첼리 등 세계적으로 유명한 성악가들이 불러 화제가 되고 있습니다. 먼저 떠난 사람들에 대한 사랑과 기억이 단지 추억에 머물러 있는 것이 아니라 남아 있는 사람들의 가슴속에 여전히 빛나는 사랑의 힘이 된다는 것을 느끼게 해주는 노래는 언제 들어도 아름답습니다.

I woke and you were there

Beside me in the night

You touched me and calmed my fear

Turned darkness into light

내가 깨어 일어났을 때 당신은 거기 있었습니다.

밤새도록 내 곁에

당신이 나를 어루만질 때 내 두려움은 사라졌습니다.

어둠은 밝음으로 바뀌었습니다.

I woke and saw you there

Beside me as before

My heart leapt to find you near

To feel you close once more

To feel your love once more

내가 깨어 일어났을 때 당신이 거기 있는 걸 보았습니다.

예전처럼 내 곁에

가까이 있는 당신을 향해 내 심장은 고동쳤습니다.

다시 한 번 가까이 있는 당신을 느껴보려

다시 한 번 당신의 사랑을 느껴보려

Your strength has made me strong

Though life tore us apart

And now when the night seems long

Your love shines in my heart

Your love shines in my heart

당신의 사랑의 힘은 나를 강하게 해주었습니다.

비록 삶이 우릴 갈라놓았지만

그리고 지금 밤이 길게 보이지만

당신의 사랑은 내 마음속에서 빛나고 있습니다.

당신의 사랑은 내 마음속에서 빛나고 있습니다.

앤드류의 남은 육신의 재는 그가 평소에 즐겨 찾던 샌프란시스코 금문교 다리 밑 바다 그리고 일부는 그의 절친 친구들에 의해 일본, 말레이시아, 아프리카에 뿌려졌습니다. 그리고 저는 앤드류 육신의 재를 나의 아버지, 앤드류의 할아버지가 잠든 용인에 뿌렸습니다.

"사랑하는 앤드류야!
너는 아빠, 엄마, 형, 누나
그리고 너를 기억하는 많은 친구들 가슴속에
여전히 빛나고 있어. 사랑해!"

Part 2

주의 형상을
닮아 가는
축복

The blessing of imitating the Lord

01
행복은 애통함 속에도 분명 있습니다.
There is also happiness in mourning

"애통하는 자는 복이 있나니 그들이 위로를 받을 것임이요"(마태복음 5:4)

예수님은 결코 그를 따르는 제자들에게 "울지 말라 슬퍼 말라"고 말씀하시지 않으셨습니다. 예수님께서도 여러 번 눈물을 흘리시고 슬퍼하시고 애통해하셨음을 성경에서 찾아볼 수 있습니다. 오히려 애통함 속에 담겨있는 축복을 말씀하시기도 하셨습니다. 애통함이 축복이라 하심은 도대체 무슨 말씀일까요?

사랑하는 가족이 먼저 세상을 떠나는 과정을 지켜보는 사람들은 그 안타까움에 얼마나 많은 눈물을 쏟고 애통해 하며 힘들어 했습니까. 사랑하는 사람이 떠나갈 때 어떤 이는 '나 때문에 그렇게 된 것 같다'는 죄책감과 후회 가운데 애통의 눈물을 흘릴 때도 있고, 더 이상 사랑할 수 있는 시간들을 놓쳐버린 후회 가운데 가슴을 후려치는 애통함도 있을 것입니다. 때로는 여러 가지 이유로 병원을 드나들면서 일면식도 없는 누군가의 죽음과 맞닥뜨리기도 하고 또는 사랑하는 이를 먼저 떠나보내는 이별의 현장에서 슬퍼하는 사람을 목격하기도 합니다.

그런데 병원뿐만 아니라, 교회에서도 울고 있는 사람들이 있습니다. 교회에 처음 나오시는 분들은 교회에서 울고 있는 사람들을 보고는 낯설고 의아스럽게 여기기도 합니다. 그러나 "하나님의 은혜의 맛을 경험하기 위해서는 울지 않고는 그 은혜를 맛볼 수 없다"고 해도 과언이 아닙니다.

물론 우는 것만이 기독교의 전부일 수는 없습니다.
그러나 분명한 것은 메마른 가슴, 마른 눈을 가진 신자들의 교회보다 젖은 눈을 가진 성도들이 모이는 교회가 훨씬 더 은혜의 세계를 깊이 알게 될 것입니다.

요즘 교회에서는 애통해서 흘리는 눈물을 보기가 어렵다고 합니다. 웃음이 있어야만 행복한 공동체요, 행복한 복음으로만 여기는 경우가 많습니다. 사람은 누구나 본능적으로 우는 것보다 웃는 것을 훨씬 좋아합니다. 만약에 웃는 것보다 우는 것을 좋아하는 이가 있다면 그는 심리적으로 문제가 있는 사람일 것입니다. 그러나 예수님께서는 "애통하는 자는 복이 있나니 그들이 위로를 받을 것"이라는 말씀을 통해 "한 번밖에 없는 소중한 인생을 살기 위해서는 눈물과 애통함의 가치를 깨달아야 한다"라는 영적 교훈을 가르쳐 주십니다.

물론 우리가 살면서 경험하는 역경, 여러 가지 슬픔과 탄식으로 인해 발생하는 눈물과 예수님이 말씀하시는 애통함과는 구분이 필요합니다. 하나님의 뜻을 깨닫고 또한 알고자하여 몸부림치는 애통함은 분명 애통함으로만 끝나는 안타까움은 아닐 것입니다. 그것은 나를 이 땅에 보내신 하나님께서 우리로 하여금 참으로 복된 삶을 누리고 축복으로 연결해주시기 위해 애통해 하는 자의 축복을 말씀하시는 것일 것입니다.

02
인생의 퍼즐 –
하나님의 눈으로 바라보기
God's view – the puzzle of Life

"우리가 알거니와 하나님을 사랑하는 자 곧 그의 뜻대로 부르심을 입은 자들
에게는 모든 것이 합력하여 선을 이루느니라"(로마서 8:28)

병원에서 환자들이 기분 전환을 위해 할 수 있는 오락이나 취미
꺼리는 극히 제한적입니다. 그래서 병문안을 오는 이들은 "어떤 선
물이 좋을까?" 고민하다가 퍼즐을 선택하기도 합니다.

병원에서 환자의 가족들을 위해 마련한 휴식 공간에서 퍼즐을
맞추는 이들도 있습니다. 앤드류의 친구들도 병원을 방문할 때 "심
심할 때 해봐"라며 퍼즐을 가져와 두고 가기도 했습니다.

앤드류가 항암치료를 잠시 멈추고 집에 돌아왔을 때 우리는 퍼즐 게임을 한 적이 있습니다. 그때 "어떻게 하면 퍼즐게임을 잘할 수 있을까?"에 대해 이야기를 하다가 로마서 8장의 "합력하여 선을 이룬다"의 의미를 퍼즐 게임에 적용해 봤습니다.

때로는 어두운 조각 그림, 때로는 화려하고 밝은 조각 그림… 이것들을 어떻게 맞춰야 할지 도저히 감이 안 잡히는 경우도 많습니다. 수많은 퍼즐 조각들을 앞에 놓고 씨름할 때, 게임을 시작하기 전에 상자 겉면에 있는 완성된 그림을 보고 한다면 보다 쉽게 감이 잡힙니다.

우리의 인생도 마찬가지입니다.
살면서 일어나는 크고 작은, 수많은 조각들을 그저 우리의 관점에서 바라보면 결코 그 퍼즐들을 맞출 수가 없습니다. 그러나 우리 눈에는 잘 안 보이지만 하나님의 눈으로 바라본다면 조금씩 그 퍼즐들이 들어맞는 것을 경험할 수 있습니다.

짐승과 온갖 생물, 곤충이 바라보는 눈과 사람이 바라보는 눈은 다를 것입니다. 먹잇감을 바라볼 때 참새가 보는 것과 독수리가 보는 것이 다릅니다. 유치원에 다니는 어린아이는 유치하게 놀아도 하나도 이상하지 않습니다. 우리가 어린아이의 눈으로 보기 때문에 그렇습니다. 그러나 성인이 되어서도 여전히 어린아이의 눈으로 세상을 바라보면 문제에 빠질 수밖에 없습니다.

성인의 눈으로 세상을 볼 때도 어떤 이는 모든 것을 물질의 눈으로만 보기도 하고, 다른 누군가는 세상을 쾌락의 눈으로만 보기도 합니다. 그러나 성경은 "하나님의 눈으로 세상을 바라보고 어떤 역경의 순간이 온다 해도 그것을 선하게 짜 맞추어 가시는 하나님의 보이지 않는 손을 의지하라"고 말씀하십니다.

퍼즐 조각을 완성하기 위해서는 게임을 시작하기 전에 조각 그림의 완성된 모양을 확인해야 하듯이, 우리 인생의 퍼즐 역시 우리를 이 땅에 있게 하신 그분을 먼저 바라보아야 합니다. 그런데 우리가 하나님의 눈을 가지려면 먼저 하나님의 말씀인 진리에 부딪치고 깨치고 녹아지는 경험이 필요합니다.

다시 말해서 예수님을 만나고 그분의 진리 속으로 들어갈 때 하나님의 눈으로 세상을 볼 수 있는 것입니다. 그리고 놀랍게도 우리가 세상을 바라보는 일에 하나님의 성령의 인도하심을 받으면 그 퍼즐 조각들이 들어맞는 자리를 발견하게 됩니다.

우리의 인생에서는 하나님의 관점으로 보기만 하면 해결될 수 있는 많은 일들이 있습니다.
큰 카펫을 한 올 한 올 엮어가는 사람은 작업 중에 경험하게 되는 번거로움이나 무질서함 때문에 속상해하지 않습니다. 왜냐하면 완성된 카펫의 아름다운 모양을 이미 머릿속에 담아두고 작업을 시작했기 때문입니다.

우리가 하나님의 자녀가 된 후 때로는 이해하기 어려운 고난이 닥칠 때도 있습니다. 그러나 주님께서는 결국 합력하여 선을 이루어 주실 것입니다. 그러므로 때때로 슬프고 괴로운 일이 닥쳐도 우리 가운데 선한 일을 시작하신 하나님의 섭리를 믿기에 감사하며 하나님의 뜻대로 살아야 합니다. 그리고 기도하며 인내해야 합니다. 그러면 하나님께서 우리 인생을 멋진 작품으로 만들어 주실 것입니다.

03
개미 왕국 –
하나님의 눈으로 바라보기
God's view - Ant Kingdom

"태초에 하나님이 천지를 창조하시니라"(창세기 1:1)

　태어난 조국을 떠나 오랜 시간 이민자로 살아가게 되면 조국의 여러 기념일이나 명절을 맞이하는 감회가 점점 쇠퇴할 수밖에 없습니다. 그렇다고 미국의 기념일이나 명절이 특별한 것은 아닙니다. 그 역시 별 의미 없이 보내는 경우가 많습니다. 물론 조국에서 들려오는 다양한 뉴스를 접할 때 가끔은 가슴이 철렁하는 경우도 있습니다.

　여러 해 전 애니메이션 영화 '개미'를 아이들과 함께 본적이 있습니다. 용맹스럽고 지혜로운 개미 한 마리가 수백만 마리의 개미 동족을 구해내는 이야기였는데 영화의 처음 장면이 아주 인상적이었습니다.

화면은 개미 왕국을 비춰주다가 점점 멀어지면서 개미 왕국의 입구인 작은 구멍을 보여줍니다. 그 후 시야가 점점 넓어집니다. 개미 왕국으로 들어가는 구멍은 도심의 빌딩 숲속에 있는 작은 공원의 구석, 그리고 사람들이 오가는 작은 길가의 모퉁이에 있었습니다.

수많은 개미들이 살고 있는 개미 왕국은 한 국가의, 한 도시의 구석에 위치한 공원의 작은 구멍 속에서 벌어진 일입니다. 한동안 아이들이 좋아했고 전 세계 영화 팬들의 사랑을 받았던 영화 '개미'에 등장하는 주인공들의 영웅적 드라마는 이제 더 이상 사람들의 뇌리에 남아있지 않습니다.

우리의 삶 역시 매일매일 잠잠할 틈 없이 수많은 뉴스들이 만들어집니다. 테러, 전쟁, 기상이변을 비롯한 각양각색의 사건 사고들…. 그런 가운데서 위기를 헤쳐 나가며 영웅적 인물로 떠오르는 사람들도 있습니다. 정치, 연예, 스포츠 등 다양한 분야에서 수많은 스타들이 배출되기도 하고 역사의 뒤안길로 잊혀지기도 합니다. 한 사람의 인생으로는 다 헤아릴 수 없는 거대한 역사의 수레

바퀴는 지금 이 순간에도 계속 돌아갑니다.

만약 우리의 시야가 좀 더 커지고 넓어져서 우리가 살고 있는 세상을 마치 개미 왕국의 구멍을 보는 것처럼 볼 수 있다면 어떨까요?

"하나님께서 태초에 천지를 창조하셨다"는 그 말씀 속에 담겨진 창조자의 눈으로 이 세상을 바라본다면 말입니다. 우리는 이 땅에 존재하는 수십억 명의 사람들 중 한 사람으로 아주 미미한 점에 불과합니다. 하지만 하나님이 주목하시고 관심을 가지시고 사랑하시는 대상이라는 사실을 인지할 때 그저 주님의 은혜라고 밖에 고백할 수 없습니다.

04
홍해 바다를 건넌 후 찬양, 그리고 광야로

After crossing the Red Sea, praising into the wilderness

"이 때에 모세와 이스라엘 자손이 이 노래로 여호와께 노래하니"(출애굽기 15:1)

 하나님을 아버지로 고백하는 모든 하나님의 자녀들에겐 나름대로 모두 홍해 바다를 건넌 간증이 있습니다. 오래전 이스라엘 백성들이 모세와 더불어 그들의 힘으로는 도저히 넘을 수 없는 불가능의 홍해 바다를 건넌 후 하나님이 행하신 놀라운 일을 감사하며 하나님을 찬양했습니다. 아마도 성경에서 언급되는 지구촌 역사 속에 대략 200만 명이 함께 부르는 전무후무한 최초의 연합 찬양 집회였습니다.

마치 어린 아이가 부모가 자신을 위해 해준 놀라운 일을 경험하고는 그 부모를 자랑하는 것 같지 않습니까? 홍해가 갈라져 바다를 건너온 일을 보니 위대하신 하나님을 자랑하지 않고는 견딜 수 없는 마음으로 그들은 마음속 깊은 곳으로부터 하나님의 구원의 은혜를 찬양했습니다.

믿음의 길에 들어선 모든 성도들에게는 분명한 경계선이 있습니다. 교회에 오래 다닌 경험을 말하는 것이 아닙니다. 홍해 바다를 건넌 사람과 건너지 못한 사람의 차이라 할 수 있습니다. 사람들은 교회를 다니기 시작하면서 예배에도 참여하게 됩니다. 처음에는 모든 것이 낯설고 찬양을 부를 때 따라 하기가 쉽지 않습니다. 그러나 시간이 조금만 지나면 '서당 개 3년에 풍월을 읊는다'는 말처럼 자연스럽게 따라 부르게 됩니다.

그러나 진정한 의미에서 홍해 바다를 건너지 않고는 찬양을 부를 수 없습니다. 홍해 바다를 건너지 않고는 결코 하나님과 동행할 수 없다는 뜻입니다. 그러나 홍해를 건넜다고 해서 우리 인생에서 노래와 춤을 추는 신나는 시간만이 있는 것은 아닙니다.

예수님을 믿기 시작했다는 사실이 우리 인생의 모든 문제 해결을 의미하는 것은 아닙니다. 하지만 하나님을 찬양한다는 것은 홍해를 건너게 하신 그분을 신뢰하며 내 인생에 펼쳐질 어떤 거친 광야도 믿음으로 나가겠다는 고백을 함축하는 것입니다.

'광야'는 그들의 삶에서 여전히 끝없는 위험과 고통을 가져다줄 것입니다. 하나님과 동행함에도 불구하고 말입니다. 그러나 홍해를 건너지 못한 사람들은 이 고통의 맛을 경험할 수 없습니다.

하나님을 믿으며 당하는 길에도 고통과 환란은 찾아옵니다.

그러나 그 고통과 환란은 그냥 고통과 환란만이 아니라 하나님의 축복을 경험하는 통로로 사용될 수 있습니다.

'하나님과 함께 광야로 동행하는 길'은 그 경계선을 건넌 사람에게만 주어지는 선택의 특권입니다.

하나님과 동행하며 고통 가운데서 위대하신 하나님을 찬양하며 갈 것인지, 그 길을 건너왔으나 고통과 불평 가운데 그 길을 갈 것인지를 선택해야 합니다.

오늘 우리의 삶이 홍해 바다를 건넌 죄와 심판의 영원한 사망으로부터 우리를 구원하신 주님을 찬양하며 살아가는 간증의 삶이 되고 있는지 자문하게 됩니다.

05
아무 것도 없는 자 같으나, 모든 것을 가진 자

Like nothing, but having all things

"근심하는 자 같으나 항상 기뻐하고 가난한 자 같으나 많은 사람을 부요하게

하고 아무 것도 없는 자 같으나 모든 것을 가진 자로다"(고린도후서 6:10)

질병으로 인해 병원 생활을 시작한 이들은 병이 가져다주는 압박감보다는 심리적 콤플렉스, 심한 재정적 압박 등으로 무기력함을 느낄 때가 많습니다. 병이 깊어가고 병원 생활이 길어질수록 건강할 때 함께 생활하던 이들과는 소원해질 수밖에 없습니다. 이로 인해 환자는 단절감을 느끼기도 합니다.

또한 현재 투병 중인 자신의 삶을 이해해주고 감정을 나눌 수 있는 사람이 아무도 없다는, I have nothing의 감정을 경험하기도

합니다.

테니스 경기에서 스코어를 말할 때 0점을 zero 또는 nothing 이라는 말 대신에 love라는 말을 씁니다. 그렇게 사용하게 된 이유에 대해서는 여러 가지 설이 있습니다. 프랑스어로 계란을 뜻하는 뢰프(l'oeuf)라는 말이 영국으로 건너가 러브가 되었다는 설, 스코틀랜드어로 0을 뜻하는 라프가 역시 러브로 변형됐다는 설, 그리고 상대방에 대한 배려로 0점을 러브라는 말로 사랑스럽게 부르게 되었다는 이야기도 있습니다.

테니스에서 nothing과 love가 같은 것처럼 신앙생활의 원리도 비슷한 것 같습니다. 우리가 세상에서 아무 것도 아니며 아무 것도 없을 때, 비로소 하나님은 love인 사랑으로 다가오십니다. "우리의 모든 것이 무력과 무능함에 빠져 nothing일 때, 전능하신 하나님이자 사랑의 하나님을 만날 수가 있다"는 역설의 체험 간증은 수없이 많습니다.

아직도 내게 무엇이 남아 있거나, 가지고 있음으로 해서 그것을 의지한다면 아무래도 하나님을 덜 의지하게 되기 쉽습니다. 없다는 것, 아무것도 아니라는 것, 그것은 불행이 아니라 하나님 은혜의 시작이며, 하나님 사랑의 시작입니다. 그리고 하나님 능력의 시작임을 믿습니다.

06
코드가 연결되지 않음 - 죄의 결과
Unconnected Code - result of sin

"모든 사람이 죄를 범하였으매 하나님의 영광에 이르지 못하더니"(로마서 3:23)

무선(Wireless), 요즘은 줄(cord) 없이도 연결되는 스마트 시스템들이 많이 개발되어 편리해졌지만 아직까지도 병원 의료 시스템은 여전히 줄이 연결되어 있어야 합니다. 줄은 환자의 생명과 직결되기에 매우 중요합니다. 수혈을 위해 환자의 신체와 연결된 줄, 여러 가지 주사액이 연결된 줄, 환자의 상태를 진단하기 위해 여기저기 연결된 줄들…. 이들 중에서 무엇보다 중요한 줄은 생명과 직결된 산소 호흡기 연결 줄입니다.

자동차를 운전하면서 때때로 배터리가 나가 시동이 걸리지 않는 경험을 하기도 합니다. 자동차에는 많은 줄이 연결되어 있습니다. 자동차는 심장부와 같은 엔진이 켜져야 작동이 됩니다. 그런데 그 엔진을 발동시켜 주는 스타터는 줄로 연결된 배터리에 의해서 움직입니다.

이처럼 연결돼 있어야 할 부분이 연결되지 않고, 아주 조금이라도 떨어져 있다면 죽은 것이나 마찬가지입니다. 사람은 우리를 지으신 하나님과 연결되어 있어야 살 수 있고 굴러갑니다. 누구나 내 힘으로 굴러간다고 착각하지만 그렇지 않습니다. 만약 하나님과 연결된 선이 떨어져 있다면 생명선이 분리된 것이기에 고장 난 자동차처럼 폐차장 또는 영원한 심판의 장소로 갈 수밖에 없습니다.

성경은 사람들이 하나님에게서 분리된 원인이 죄의 결과라고 말씀하고 있습니다. 그래서 죄가 무서운 것입니다. 죄는 아무리 적어도 하나님으로부터 인생을 떨어져 나가게 만듭니다.

그러나 예수님께서 십자가에 흘리신 보혈은 여전히 모든 죄인들을 하나님 아버지께로 연결시켜 주는 은혜입니다.

예수님의 보혈의 줄로 하나님과 연결된 자는 스스로 줄을 끊을 수 없습니다. 하나님도 "내게로 오는 자는 결코 내쫓지 아니하리라"라며 "그 생명의 줄을 끊지 않으시겠다"라고 약속하셨습니다.

그러나 그 줄이 제대로 작동이 안 되면 고장이 날 수도 있습니다. 그 생명 줄에 불순물이 가로막혀있으면 아무리 좋은 최상의 영양주사를 맞아도 공급될 수가 없습니다.

우리의 삶에서 죄로 인한 불순물들이 영양주사를 공급하는 연결선을 막는다면 장애를 일으킬 수밖에 없습니다. 그래서 우리는 수시로 하나님과 우리 사이를 가로막는 죄가 없는지 살펴보며 하나님이 부어주시는 그 풍성한 생명과 큰 복의 줄이 막히지 않게 수시로 점검해야 합니다.

우리가 회개하면 그 불순물들의 찌꺼기는 사라집니다. 그리하면 그 생명의 통로로 샘솟는 은혜는 충만하게 공급될 것입니다.

07
디지털 문화와 아날로그 문화
Digital culture and analog culture

"사람이 마땅히 우리를 그리스도의 일꾼이요 하나님의 비밀을 맡은 자로 여길 지어다 그리고 맡은 자들에게 구할 것은 충성이니라"(고린도전서 4:1-2)

현재 미국의 병원시스템은 개인 병원 등 소형 병원은 줄어들고 모든 시설이 갖춰져 있는 대형 메디컬센터 병원들은 늘어나는 추세로 바뀌어 가고 있습니다.

새로운 컴퓨터, 스마트폰 등이 출시될 때마다 대용량, 초고속 스피드 등 사람들이 선호하는 것을 내세워 마케팅을 합니다. 스피드가 느리고 용량이 적은 전자 기기들도 얼마든지 사용할 수 있지만 사람들은 좀 더 빠르고 용량이 큰 제품을 선호합니다. 그래서인지

요즘 디지털 시대의 편리함보다 아날로그 시대의 행복에 대해 이야기하는 이들이 많습니다.

최근에는 4차 산업혁명에 대한 이야기들도 많이 합니다.

이처럼 고속도 아닌 초고속, 광스피드 등을 이야기하는 시대에 살면서 "느리다"는 말은 어쩐지 좀 뒤쳐진 인생을 사는 것으로 보이기도 합니다. 하지만 스피드의 노이로제(?)를 역설하듯 '느린 것'을 추구하며 천천히 먹기, 천천히 살아가는 도시를 표방하는 slow food, slow city 움직임도 꽤 있습니다. 질이 양보다 우선인 사회, 무조건 빨리빨리 만이 좋은 것이 아닌, 내가 어디로 가고 있는지 잠시 멈추어 생각하며 살 수 있는 성찰의 시간을 갖는 것은 참으로 중요합니다.

언젠가 저는 이런 생각을 한 적이 있습니다.

"한 번에 3,000명을 전도하고 오랫동안 사역한 베드로와 한 번의 설교를 마치고 젊은 나이에 너무도 빨리 순교한 스데반에게, 하나님께서 상을 주신다면 어떤 상을 주실까?"

요즘 메가처치(Megachurch: 미국에서 주간 예배 참가 신도 수가 2,000명이 넘는 교회)라 불리는 대형교회는 한 번에 모든 것을 다 할 수 있는 쇼핑센터처럼 모든 것이 편리해서 사람들이 선호하며 몰리기도 합니다. 하지만 교회를 대형, 소형이라며 사이즈별로 나누는 것이 사실 성경적인 것은 아닙니다. 교회는 아무리 적은 수의 성도로 모인다 해도 여전히 영광스러운 그리스도의 몸을 상징하는 것이기 때문입니다.

오래된 골목에 위치한 작은 사이즈 교회의 중요성도 과소평가해서는 안 됩니다. 항공모함처럼 큰 배로 많은 사람을 승선시킬 수 있는 큰 배도 있겠지만, 온 천하보다 한 영혼의 중요성을 말씀하심 앞에서 오직 작은 배만이 다가가서 만날 수 있는 영혼도 있지 않겠습니까?

큰 사이즈의 성취를 이루든, 별로 열매가 없는 모습의 작은 사이즈로 머물러 있든, 빠르게 가든, 느리게 가든, 긴 인생을 살든, 짧은 인생을 살든, 그저 묵묵히 최선을 다해 천천히, 느리게 삶에 최선을 다한 것을 주님이 기억하신다면, 그것이 유종의 미를 거두는 것이라고 믿습니다.

08

또 다시 이사의 길목에 설 때

Whenever I move

"들으라 너희 중에 말하기를 오늘이나 내일이나 우리가 어떤 도시에 가서 거기서 일 년을 머물며 장사하여 이익을 보리라 하는 자들아"(야고보서 4:13)

연약한 존재로 살아가는 우리는 환경의 영향을 받을 수밖에 없습니다. 이민 목회자들의 삶은 일반인들보다 더 많은 이사를 하게 됩니다. 물론 다 그런 것은 아니지만 미국의 한 리서치센터에서 미국 목회자의 평균 목회 기간이 3년이라는 보고를 본 적이 있습니다. 한국 목회자들에게 꼭 적용되는 것은 아니지만, 저 자신도 학업을 비롯한 이러저러한 이유로 이사를 꽤 많이 한 것 같습니다.

해외에서의 오랜 이민 목회를 뒤로하고 고국으로 역 이민을 한 후 목회자의 삶을 마무리 하고 싶어 한국으로 돌아온 지 4년 만에 앤드류를 간호하기 위해 다시 미국으로 이사를 했습니다.

이외에도 참 여러 번 이사를 한 것 같습니다. 처음 유학을 한다며 독일로 떠났고, 아내와 결혼 후에는 미국으로 이민을 했고, 신학 수업과 목회 현장에 따라 미국의 여러 주로 이사를 했습니다. 그리고 한국으로의 역 이민, 얼마 지나지 않아 또다시 샌프란시스코에 머물러 있는 저 자신의 이사 길도 참 평탄하지 않았던 듯싶습니다.

중요한 것은 이사를 하면서 이것이 나의 신앙 성숙과 하나님이 인도하시는 발걸음에 의한 이사이기 보다 어떨 때는 오기와 배짱으로, 때로는 도피성으로, 이러저러한 이유가 함께했음을 부인할 수 없습니다.

성경의 가르침은 모든 그리스도인들이 힘든 환경 속에서 갖게 되는 염려를 기도로 바꾸고, 문제라고 생각하는 것을 기회로 여길 수 있는 지혜를 하나님께서 주셨다고 가르칩니다.

그런데 우리가 살면서 느끼기에, 어려운 환경보다 더 중요한 것은 환경을 바라보는 관점인 것 같습니다. 내가 직면한 어려운 환경에 대한 관점은 이 환경을 어떻게 해석하는가에 따라서 다른 결과를 가져올 수 있기 때문입니다. 우리는 경제가 좋아지면 모든 것이 좋아질 것이라고 생각합니다. 그런데 사실은 꼭 그런 것만은 아니지 않습니까?

미국 작가인 아트 부치월드(Art Buchwald)는 "경제가 좋아질수록, 다른 것들은 모두 나빠진다"라고 말했습니다. 풍부가 좋은 것 같지만 풍부 때문에 사람들은 교만해지고, 가족이 얼마나 소중한 행복의 원천인가를 망각하고 다른 것을 찾아 헤매기도 합니다. 풍부를 위해 우정도, 가정도 버린 사람들도 많습니다.

많은 문제들이 더 부자가 되고 싶은 욕망, 더 많은 것을 성취하고 싶은 야망, 더 큰 권력을 추구하고 싶은 야심에서 일어납니다. 그런 까닭에 하나님은 우리를 때론 가난하게 하십니다. 하나님이 우리를 낮은 자리로 내려오게 하시는 데는 이유가 있습니다.

낮은 곳에서만 경험할 수 있는 하나님의 은혜가 있기 때문입니다. 낮은 곳에 임하면 낮은 곳에서만 볼 수 있는 것들이 있습니다. 낮은 곳에 엎드리면 이전에 보지 못했던, 경험하지 못했던 풍성한 하나님의 은혜를 체험할 수 있습니다. 그래서 사도 바울도 "내가 궁핍한 환경에서도, 부한 환경에서도 일체의 비결을 배웠다"는 자족의 은혜를 말씀하신 바 있습니다. 또한 야고보 기자도 말씀하셨습니다.

"들으라 너희 중에 말하기를 오늘이나 내일이나 우리가 어떤 도시에 가서 거기서 일 년을 머물며 장사하여 이익을 보리라 하는 자들아 내일 일을 너희가 알지 못하는 도다 너희 생명이 무엇이냐 너희는 잠깐 보이다가 없어지는 안개니라 너희가 도리어 말하기를 주의 뜻이면 우리가 살기도 하고 이것이나 저것을 하리라 할 것이거늘"(야고보서 4:13-15)

09
역경의 시간 그리고 시상식
Time of adversity and awards ceremony

"만일 누구든지 그 위에 세운 공적이 그대로 있으면 상을 받고"(고린도전서 3:14)

사람들이 모인 공동체마다 그들의 노고와 헌신을 기억하며 상을 주곤 합니다. 병원의 의사나 스태프들도 그들의 사무실 벽에 자신이 받은 상장과 상패, 기념 편지들을 학위나 라이선스 등과 함께 진열합니다.

특히 연말이 되면 음악, 영화, 예술계 등에서 여러 상들을 제정해 시상합니다. 그래서 연말에는 지나온 한 해를 기념하는 수상식에서 상을 받는 사람들의 모습이 심심치 않게 비칩니다.

상을 받는 이들은 수상 소감을 밝히며 특별히 기억하고 싶은 "누구누구의 도움과 협조가 있어서 가능했다"는 이야기들을 덧붙입니다. 하지만 그 상을 받기까지 수상자가 말하지 않은 숱한 어려움과 인내와 연단의 과정 또는 큰 절망적 시험의 순간도 있었을 것입니다.

그리스도인들 모두는 믿음으로 한 해를 보내고 또 다른 새해를 맞기도 합니다. 언젠가는 주님의 보좌 앞에 우리 모두가 믿음의 시상식에 참여하게 될 것입니다. 지나온 삶의 여정을 추억해보면 우리들도 이 믿음의 행로에서 무엇보다 주님의 도우심으로 여기까지 왔으며 또한 누군가 우리를 위한 기도와 사랑의 배려로 여기까지 올 수 있었다고 말할 수 있을 것입니다. 그래서 생각나는 사람들에게 감사의 마음을 전함도 필요하겠지요.

우리 모두는 나름대로 경험한 힘든 시간들, 힘든 시험의 시간들도 있었습니다. 아니, 지금 이 순간에도 그 어려움의 시간을 통과하는 이들도 많을 것입니다. 누군가 말한 것처럼 "시험 받지 않은 믿음은 아직 믿음이 아니다"라는 말을 기억하고 싶습니다.

이 말은 시험 받지 않은 믿음은 믿음이라는 이름과 외향은 갖추고 있을지언정 진정한 믿음이라고 할 수 없다는 뜻입니다. 왜냐하면 믿음은 매일 직면하는 위기, 때로는 사망의 음침한 골짜기를 통과하면서 그때 비로소 믿음이 되는 것이기 때문입니다. 그래서 "믿음은 말로 설명하는 것이 아니라 삶으로 살아내는 것"이라는 의미이겠지요.

어느 날 그 시상대에서 "잘했다. 충성된 종아"라며 칭찬하시는 주님의 음성을 그려보면 미리 수상소감을 연습하고 싶습니다.
"나의 나 된 것은 오직 주님의 은혜였습니다!'

10
가나안을 바라보며 살던 요셉처럼…

Like Joseph, who always gazed at Canaan

"모세가 요셉의 유골을 가졌으니 이는 요셉이 이스라엘 자손으로 단단히 맹세하게 하여 이르기를 하나님이 반드시 너희를 찾아오시리니 너희는 내 유골을 여기서 가지고 나가라 하였음이더라"(출애굽기 13:19)

의학이 점점 발달하는 가운데 멀지 않은 미래에 예수님이 말씀하시는 그런 부활이 아니라 의학기술로 죽은 사람이 언젠가는 살아날 수 있다는 기대를 갖고 시신을 냉동 처리한 후 보관, 의학적 혁명의 날을 기다리고 있는 사람들도 꽤 있다고 합니다. 그게 과연 옳은 이야기인지 잘 모르겠습니다. 그런 의학적 혁명의 날을 기대한다는 뉴스 가운데 성경의 한 미라 시신에 대한 말씀이 떠오릅니다.

모세의 인도로 출애굽 하는 이스라엘 행렬 속에 유일하게 죽은 시신이 미라로 보존되어 산자들과 함께 출애굽 하던 '요셉'을 기억하실 겁니다.

요셉은 애굽에서 죽어 애굽의 장례법에 따라 장사되었습니다. 그러나 그는 가나안 땅의 약속을 잊지 않고, 오히려 그 땅을 향한 소망을 간직한 채 일생을 마감했습니다. 그리고 그는 죽기 전 친족들과 후손들에게 앞으로 있게 될 출애굽 때 자신의 유골을 가나안 땅으로 옮겨 달라고 유언을 했습니다. 요셉의 유언은 하나님께서 언젠가 이루실 출애굽에 대한 기대를 붙잡고 있던 그가 하나님의 비전 가운데 살았음을 보여주는 것입니다.

비록 애굽에서 살았지만 하나님께서 지향하시는 최종 목적지인 가나안에 대한 그의 소망은, 출애굽 때에 자신의 해골을 메고 올라가 달라는 당부로 구체화되었습니다. 비록 겉사람에 속하는 해골은 향 재료와 함께 애굽에서 입관되었지만, 그의 속사람의 비전은 항상 가나안을 지향하고 있었던 것입니다. 그것이 요셉이 보여준 믿음, 곧 바라는 것의 실상이요 보지 못하는 것의 증거였습니다.

하나님의 자녀 된 우리 인생은 "얼마나 오래 살았느냐, 짧게 살았느냐, 사는 동안 어떤 일을 성취했느냐?" 보다는 "하나님이 인정하시는 유종의 미를 거두는 인생이었느냐가 중요하다"고 말할 수 있습니다.

요셉은 그의 마지막을 신앙 안에서 아름답게 마친 인물입니다. 처음에는 모두가 흠모하는 삶을 살다가 마지막을 아름답지 못하게 마친 안타까운 인물들이 성경에는 많이 등장합니다.

요셉이 보여준 마지막의 아름다움은, 애굽에서 죽어 장사되었음에도 불구하고 가나안 땅에 대한 소망을 끝까지 지킨 것입니다. 지금 이 땅을 살아가고 있는 우리 속사람의 비전은 과연 무엇인지 다시금 묻게 됩니다.

11

"그가 누구신가?"라는 질문 전에는 당신을 모릅니다

You do not know yourself until you ask who God is

"하나님이 모세에게 이르시되 나는 스스로 있는 자이니라"(출애굽기 3:14)

나는 누구인가?

인생은 무엇인가?

인생은 그냥 지나가는 나그네 길에 불과한 것인가?

우리는 모두 한 번쯤 이런 생각을 해보았을 것입니다.

이와 같이 "나는 누구인가?"라는 질문에 대한 해답은 결코 혼자 발견할 수 없고 내 인생을 둘러싼 누군가와의 관계를 통해 인지하게 됩니다.

그러나 사람들과의 관계 속에서 찾은 답은 결코 정답이 될 수 없고 우리 인생을 지으시고 이 땅에 보내신 창조자 하나님과의 관계를 통해서만 자신을 발견하며 참으로 복된 삶을 살 수 있습니다. 하나님께서는 성경을 통해 우리가 누구인지, 우리가 어디서 와서 어디로 가는지 그리고 우리는 그것을 어떻게 알 수 있는지 분명히 말씀하십니다.

우리는 하나님의 말씀인 계시의 진리를 통해서만 우리 자신이 누구인지를 알 수 있습니다. 우리는 성경을 통해 자신의 진정한 정체성을 찾기 위해 몸부림쳤던 한 사람 모세의 이야기를 잘 알고 있습니다.

모세는 당시 죽을 수밖에 없는 운명인 히브리인 사내아이로 태어났습니다. 그리고 기적적으로 바로의 공주의 눈에 띄어 자녀로 입양되어 애굽의 왕자로 자란 드라마틱한 주인공입니다.

하지만 모세는 자신이 이집트의 노예인 히브리인이라는 출생의 비밀을 알게 됩니다. 그 후 나는 도대체 누구인지, 어떻게 살아야 할지 자기 정체성에 대해 고민하다가 동족을 구하려는 시도 가운데 애굽인을 죽이는 사건을 저지르기도 합니다. 그러한 자기 정체성의 몸부림은 결국 그를 미디안 광야로 도망치게 만들기도 했습니다.

그러나 그 정체성을 발견하지 못한 채 삶이란 늙어가는 대로 사는 거라는 체념 상태에 머물렀던 그가 가시나무 떨기 가운데 만난 하나님 앞에서 아주 중요한 질문을 하게 됩니다. 모세는 그동안 나는 누구인가에만 몰두했습니다. 그러한 그가 "하나님 당신은 누구신가요?"라고 질문합니다.

그때까지 모세는 그의 인생 내내 "나는 누구인가?"에 대해 질문했습니다. 그러나 그의 인생의 주인 되신 하나님이 누구신지에 대해 답을 듣기 전까지는 결코 해답을 얻을 수 없었습니다. 출애굽기 2장을 통해 하나님이 과연 누구신지 답을 얻은 모세는 그때 비로소 자신의 진정한 정체성을 깨닫기 시작합니다.

우리 주변의 많은 사람들은 "내가 누구인지? 왜 이렇게 살아야 하는지? 어떻게 살아야 하는지?" 등에 대한 질문을 합니다. 이것들은 모두 해답 없는 질문이며 허공을 메아리치는 질문들입니다.

때로는 진정한 답을 얻지 못하고 체념한 채, 포기한 채, 극단적 선택을 하는 경우도 있습니다. 아니면 "케세라 세라, 될 대로 되라"며 그럭저럭 세월을 허비하다 이 생을 떠나갑니다. 하지만 모세는 하나님과의 관계 속에서, 그 말씀 속에서 그가 누구인지, 어떻게 살아야 하는지를 알았습니다. 그리고 그렇게 살았습니다.

12
엘비스 프레슬리와 쟈니 캐쉬의 차이

The difference between Elvis Presley and Johnny Cash

"내 안에 거하라 나도 너희 안에 거하리라 가지가 포도나무에 붙어 있지 아니하면 스스로 열매를 맺을 수 없음 같이 너희도 내 안에 있지 아니하면 그러하리라 나는 포도나무요 너희는 가지라 그가 내 안에, 내가 그 안에 거하면 사람이 열매를 많이 맺나니 나를 떠나서는 너희가 아무 것도 할 수 없음이라"(요한복음 15:4-5)

병원 생활을 오래하다 보면 불편하더라도 적응을 할 수 밖에 없습니다. 하루 종일 병실 침대에 누워있다 보면 하루의 많은 시간을 TV를 보며 지내게 됩니다. 약품 냄새와 병원 특유의 냄새가 스며있는 병실에서는 유일한 오락거리가 TV 시청이기 때문입니다.

하지만 젊은 환자들은 TV보다 스마트폰이나 노트북을 통해 자기들이 즐겨듣던 음악을 감상하거나 영화를 보기도 합니다. 손에 익숙한 것들과 놀며(?) 시간을 보내는 것이 환자들의 심리적 안정에 도움이 되기도 합니다.

앤드류 역시 스마트폰이나 노트북으로 젊은이들이 선호하는 복음 찬양을 듣거나 평소 즐겨듣던 클래식풍의 여러 나라 음악을 즐겨듣곤 했습니다.

해외에 있다 보면 한국의 K-POP 인기를 실감하게 됩니다.
요즘 전 세계적으로 인기를 끌고 있는 수많은 한국의 슈퍼스타들처럼, 제가 청년시절에는 미국의 팝송이 이슈였습니다.
제가 특별히 좋아하던 미국의 두 유명한 팝송 가수는 신앙적으로도 귀한 모습을 보여주었습니다. 그래서 이들을 통한 영적 레슨을 생각한 적이 있습니다.

조금 나이든 사람들은 현대판 팝뮤직이나 록 음악의 황제라 일컬어질 만큼 명성을 떨쳤던 엘비스 프레슬리를 기억할 것입니다. 당시 그의 인기는 전 세계 젊은이들에게 큰 영향력을 끼쳤습니다. 그는 확실히 수많은 사람들을 감동시키는 음악적 은사를 받은 사람이었습니다.

어린 시절의 엘비스 프레슬리는 한때 교회의 성가대원으로 열심히 섬기던 시절이 있었습니다. 그의 신앙적 모티브는 그가 유명세를 타며 수많은 사람들에게 둘러싸여 있을 때도 가슴 한 구석에 여전히 머물러 있었습니다. 그래서 그는 자신의 콘서트에서 종종 복음 찬양을 섞어 부르거나 가스펠 앨범을 발표하기도 했습니다.

그러나 엘비스 프레슬리는 부와 명성을 얻게 되자 하나님을 가까이하기 보다는 세상 쾌락과 마약을 가까이 하게 되었고 그 결과 비극적인 결말을 맺게 되었습니다.

저는 가끔 오늘을 사는 많은 그리스도인들을 보며 또 다른 엘비스 프레슬리를 보는 듯하다는 생각을 합니다. 하나님을 잘 믿는 모습으로 소개되던 크리스천 슈퍼스타들의 끝이 안 좋은 모습들을 보이는 것은 무척 안타까운 일입니다.

그와 대조적으로 미국 컨트리 록 음악의 전설적 싱어로 불리는 쟈니 캐쉬는 오랜 세월 방황하며 마약에 빠져 세상 인기에만 집착하며 살았습니다. 그런 그가 좀 늦은 나이였지만 예수님을 만난 후 빌리 그래함 전도대회 사역팀에 합류하였습니다. 그리고는 세상 떠나는 날까지 귀한 그리스도인의 삶의 발자취를 남겼습니다.

인생에서 중요한 것은 "시작이 얼마나 아름다웠느냐가 아니라 얼마나 아름다운 유종의 미를 거두었느냐"라는 것이라는 걸 새삼 깨닫게 됩니다.

우리는 시상식 등을 통해 본인이 크리스천임을 고백하며 하나님께 영광을 돌린다는 크리스천 연예인의 모습을 심심치 않게 봅니다. 그러나 그들이 전하는 믿음의 신앙고백이 참으로 아름다운 신앙고백이 되기 위해서는 아름다운 삶의 열매로 확인될 수 있다는 것을 기억해야 할 것입니다.

스타는 태양이 떠오르면 사라지게 됩니다. 점점 더 스타가 되는 것에만 전념해 인기를 유지하는 것에만 몰두한다면, 태양처럼 떠올라야 할 주님이 안 보인다면, 결국 스타의 스타 됨은 아무런 의미가 없다는 것을 기억해야합니다. 예수님보다 먼저 스타로 떠올랐던 세례 요한이 "그는 흥하여야 하겠고 나는 쇠하여야 하리라"라는 말을 우리의 마음속에 꼭 새겨야 할 것입니다.

13

내 신앙은 절망하는 이웃들에게
과연 얼마나 도움을?

How helpful is my faith to others?

"전에 아람 사람이 떼를 지어 나가서 이스라엘 땅에서 어린 소녀 하나를 사로
잡으매 그가 나아만의 아내에게 수종들더니 그의 여주인에게 이르되 우리 주
인이 사마리아에 계신 선지자 앞에 계셨으면 좋겠나이다 그가 그 나병을 고치
리이다 하는지라"(열왕기하 5:2-3)

병원에서는 심각한 병으로 입원한 환자들과 그 가족들을 복도
또는 대기실에서 수없이 마주칩니다. 근심 어린 얼굴을 하고 가슴
속에는 갖가지 사연을 안고 병원 빌딩을 오가는 사람들을 볼 때면
인종이나 문화적 차이를 넘어서는 측은한 마음이 들곤 합니다.

특히 사랑하는 가족, 친구 등을 환자로 둔 그들의 마음이 얼마나

아플까?를 생각하며 그리스도인으로 살아가는 내가 과연 저들과 무엇을 나눌 수 있는지…를 고민하곤 했습니다. 환자 대기실이나 보호자 휴게실에서 애타는 가족들과 이야기를 나누면 대화의 마지막은 대부분 "기도하겠습니다"로 끝나게 됩니다.

지구상에서 가장 부강한 나라 미국에서도 열 손가락 안에 드는 대형 병원 의사들도 어찌지 못하는 절망과 체념의 늪에 빠진 이들의 모습을 바라보며 말씀을 묵상하다가 떠오른 성경구절이 바로 열왕기하 5장 2절, 3절의 말씀입니다.

우리는 신앙의 연륜이 얼마나 쌓이고, 또 얼마나 많은 신앙훈련을 받아야 자신뿐 아니라 절망하는 이웃들에게 유익을 끼칠 수 있는 삶의 자리에 이를 수 있을까요?

여기 나라가 망한 뒤에 아람 땅으로 끌려온 어린 이스라엘 소녀의 이야기는 우리에게 많은 것을 생각하게 해줍니다.

그 소녀에게는 규칙적으로 예배드릴 장소도, 목회자 교사도, 성경공부반도, 부흥회도 그 어떤 제자훈련도 없었습니다. 아마 있다면 노예로 끌려오기 전 부모님과 신앙 생활하던 추억이 전부였을 것입니다. 그러나 그 소녀의 심장에 새겨진 순수한 믿음은 불치의 병으로 절망하던 주인집 나아만 장군과 그 가족에게 소망을 전달했고 주변의 많은 사람들에게 위대한 하나님을 바라보게 했습니다.

그렇다면 우리의 모습은 어떻습니까?

우리의 삶도 이 이스라엘 소녀와 같습니까?

오늘 우리에게 주어진 환경을 탓하기 전, 또 다른 신앙훈련의 프로그램을 찾기에 앞서 이미 우리 가슴속에 심겨진 믿음의 작은 불씨가 있다면 그것을 사용하면 어떨까요? 지금 우리가 머물고 있는 자리에서 그 소녀처럼 주변 이웃들의 절망을 희망으로 바꾸는 도구로 살아가는 축복을 누릴 수는 없을까요?

앤드류가 병원에 입원해 있던 당시, 저는 병실 부근에서 마주치는 사람들과 좀 더 대화를 나눌 수 있는 기회를 달라고 기도했습니다. 그리고 주어진 기회 가운데 다른 병실의 가족들과 성경의 소망의 메시지를 나누곤 했습니다.

어떤 이는 진심으로 현재 병마와 싸우고 있는 환자와 사랑하는 가족을 위해 기도해 달라고 하기도 했습니다. 당시 제가 만난 이들은 모두 각자의 신앙이 있거나 혹은 무신론자였습니다. 그러나 이들 역시 삶의 위기의 순간에는 절대자를 의지하고 싶어한다는 것을 느낄 수 있었습니다.

"땅 끝까지 이르러 내 증인이 되라"는 예수님의 말씀에 순종하며 지금도 많은 분들이 귀한 땀을 흘리며 발걸음을 옮기고 있습니다. 그러나 전도와 선교를 위해 멀리 나가지 않고도 주님의 말씀을 전할 수 있습니다. 지금 우리가 머물고 있는, 내 삶과 가까운 곳에서도 절망하고 체념하는 수많은 사람들이 있습니다. 우리의 믿음은 가까운 곳에서도 얼마든지 표현될 수 있으며 또한 이들을 통해 주님이 주시는 기회를 얼마든지 붙잡을 수 있습니다.

14
어떤 중증 장애 인생의
성찰적 감사의 고백

The testimony of a disabled person

"저가 절하여 가로되 이 종이 무엇이기에 왕께서 죽은 개 같은 나를 돌아보시나이까 하니라"(사무엘하 9:8)

최신 의료기기로 무장한 미국의 명성 있는 병원 안에서도 때때로 고함 소리가 들리고 입에 담을 수 없는 쌍욕이 전해지기도 합니다. 반대로 어떤 병실에서는 찬송과 감사의 기도가 울려 퍼지기도 합니다.

한 번은 앤드류의 옆 병실에 하반신이 완전히 마비된 그리스도인 형제가 입원했습니다. 그는 시간이 날 때마다 말씀을 가까이했습니다. 그 모습이 마음에 들어와 어느 날 잠시 병실에 들러 이야기를 나눴는데 구약 사무엘하 9장 8절의 말씀을 함께 나눌 기회가 있었습니다. 다윗 왕 앞에 불려온 사울의 손자 므비보셋이 다윗 왕의 파격적인 대우에 감격해 자신을 돌아보며 이야기한 내용입니다.

그는 원래 왕족의 후손이었습니다.

그러나 다윗 왕의 편에서 보면 원수의 후손입니다. 왜냐하면 할아버지 사울이 다윗을 수없이 죽이려 했기 때문입니다. 그리고 그는 지금 발을 못 쓰는 절뚝발이로 살고 있었습니다. 한마디로 그는 완전히 무기력하고 절망적인 삶을 살고 있었습니다.

그런데 다윗 왕이 그를 불러 파격적인 은혜를 베풉니다. 항상 다윗 왕과 같은 식탁에서 식사를 하도록 배려할 뿐 아니라 다윗의 왕자와 동등한 신분으로 모든 특권을 다시 갖게 해주었습니다.

그것은 다윗과 므비보셋의 아버지인 요나단 사이의 언약 때문에 가능했습니다. 이제 그는 자기에게 이 파격적 은혜를 베푼 다윗 왕께 감사하며 그와 교제하는 기쁨 속에 살게 된 므비모셋이 자신을 돌아보며 하는 말 '죽은 개 같은 나를 돌아보신' 이라는 고백이 그리스도인으로 살아가는 우리들에게도 있는지요?

이는 그리스도인이 어떤 처지에 처한다 해도 결코 잊어버릴 수 없는 고백이어야 한다고 생각됩니다.

므비보셋의 다리가 고쳐지고 벌떡 일어나는 고침을 받은 것은 아니었습니다. 결코 고쳐질 수 없는 불치의 환경에 머물러 있다 해도 그에게 신분의 변화라는 파격적인 은혜를 베푼 다윗 왕을 향한 므비보셋의 감사의 고백은 구원받은 모든 성도들의 이야기가 아닐까요?

인간은 본래 하나님과 영원히 교제할 수 있는 영광스런 왕이신 하나님의 후손이었습니다. 그러나 죄가 들어온 후 원수 마귀의 후손이 되었습니다. 하지만 예수님께서는 십자가에 흘리신 언약의 피로 우리에게 다시 하나님의 자녀가 되는 권세를 주셨습니다. 그래서 기뻐하며 그분과 영원한 식탁의 교제에 참여하며 사는 왕의 자녀로의 특권이 회복된 것이지요. 나의 나 됨은 주의 크신 은혜입니다.

15
불쌍히 여기는 마음
A breaking heart

"예수께서 나오사 큰 무리를 보시고 그 목자 없는 양 같음으로 인하여 불쌍히 여기사 이에 여러 가지로 가르치시더라"(마가복음 6:34)

병원에서 일하는 의사를 포함한 모든 스태프들은 매일 다양한 환자 그리고 그 가족들을 대합니다. 환자나 가족들은 더 친절하고 더 안타까워하는 모습으로 다가오는 의료진을 신뢰하게 되고 마음을 터놓기가 쉬운 것 같습니다. 때론 너무 냉정하고 차가워 보이는 사무적인 말투의 의료진에게는 야속하거나 때로는 미운 마음이 들 때도 있습니다. 병원에서 인간관계를 할 때 가장 중요한 것이 바로 '불쌍히 여기는 마음'이 아닐까?라고 생각한 적이 있습니다. 예수님의 사역의 원리도 그러하셨기 때문입니다.

성경에서 "불쌍히 여긴다"는 말은 '긍휼'이라는 말로도 사용되는데, 이 단어는 "다른 사람들의 곤경에 대해 창자가 끊어지는 것처럼 고통을 함께 나눈다"는 희랍어에서 온 것입니다.

예수님은 벳세다 들판에 모인 삶에 찌들고 병들고 갖가지 아픔으로 지친 모습으로 모여든 이들을 불쌍히 여기셨다 했습니다. 그들은 모두 예수님 안에서 희망을 기대하며 예수님 앞에 나왔습니다. 바로 예수님께서 그 무리들을 불쌍히 여기심에서 그 유명한 오병이어 기적이 탄생했습니다.

이 세상에도 남을 긍휼히 여기는 마음에서 출발한 아름다운 일들이 더러 있습니다.

우리에게도 잘 알려진 충북 음성의 꽃동네는 다음과 같은 에피소드에서 출발했다 합니다.

늙고 병든 나병 환자가 불편한 몸을 이끌고 먹을 것을 구하러 다니며 다른 9명의 나병 환자들을 먹여 살리는 것을 본 한 분이 그 노인에게 "당신의 몸도 불편한데 왜 이렇게 하십니까?"라고 물었더니 "나는 아직 움직일 수 있는데 저들은 움직일 수조차도 없지 않습니까?"라고 대답했습니다.

이 말에 쇼크를 받은 그분은 많은 나병 환자와 다른 질병으로 고통을 당하는 이들을 위한 나눔의 사역을 시작하게 되었다고 합니다.

오늘 우리의 눈앞에 스쳐가는 어느 누군가는 나의 사랑과 관심을 필요로 할 지도 모릅니다. 우리가 이들을 불쌍히 여기는 마음으로 다가갈 때 또 다른 오병이어의 기적은 여전히 현재 진행형이 되리라 믿습니다.

16
한 사람의 회복 또는 돼지를?

A recovery of a man or a pig?

"거라사인의 땅 근방 모든 백성이 크게 두려워하여 예수께 떠나가시기를 구하

더라"(누가복음 8:37)

한국도 그런 것 같지만 미국의 병원비는 정말 비쌉니다. 만약 중
병에 걸렸는데 보험이 없다면 일반인은 천문학적인 치료비를 도
저히 감당하지 못할 것입니다. 앤드류는 대학을 졸업한지 한 달이
지나 병원에 입원하게 되었지만 그때까지 대학 건강보험이 적용
되어 치료할 수 있었습니다.

미국에서는 일정한 수입이 없으면 주정부에서 제공하는 의료보

험 혜택을 받을 수 있습니다. 그러나 정말 비싼 약이나 주사 등은 고급 보험에 가입된 사람들에게만 적용이 됩니다. 그리고 미국에서도 치료를 위해 유명한 전문병원 등으로 옮기는 것은 아무래도 재정적 여유가 있어야만 가능합니다.

백혈병과 같은 병의 진료비는 기본적인 치료만 한다고 할 때 1, 2년간의 치료비가 백만 불을 훌쩍 넘습니다. 비록 보험 처리가 되어 따로 병원비를 내지 않았지만 병원비가 지불된 서류를 보니 정말 엄청난 금액이었습니다.

미국에서도 병원, 보험회사, 제약회사, 전문 리서치 연구센터 등 의학적으로 연결된 기관마다 재정적 문제로 인해 고민들을 합니다. 위급한 상황에서, 병원비는 나중에 해결하더라도 환자의 생명부터 살리고 볼 거냐? 아니냐?를 두고 말들이 많은 것은 사실입니다. 하지만 미국에서는 돈 없는 노숙자가 위급해 응급실에 실려 왔다면 돈보다 치료가 먼저인 것 같습니다.

한 번은 제 친구 목사가 살고 있는 주가 아닌 다른 주로 여행을 갔다가 큰 병을 얻어 급하게 수술을 하게 되었다고 합니다. 그는 보험도 없고 당장 병원비를 지급할 능력도 없었는데 병원에서 필요한 모든 조치와 수술을 해주었다고 합니다. 그리고 수술비용 중 주정부에서 지급할 수 있는 비용을 제외한 나머지를 청구하며 "환자가 돈이 생기면 매달 10불, 100불로 쪼개서 몇 십 년간에 걸쳐서라도 조금씩 갚으라"고 했다고 합니다. 이는 세상 어떤 것보다 우선적으로 생명을 살려야 한다는 소중한 영적 가치가 아직 남아있기 때문이라고 생각됩니다.

그러나 우리 주변에서는 종종 생명보다 돈을 더 중요시 여겨 소중한 생명이 치료도 받지 못하고 사망에 이르렀다는 안타까운 이야기를 듣곤 합니다. 이런 이야기를 들을 때마다 예수님 당시 거라사 지방의 마을 사람들이 떠오릅니다.

2000년 전 거라사 타운에 살고 있던 사람들은 그 마을에 찾아오신 예수님을 영접하는 대신 그들이 소유한 돼지를 그들 인생의 '행복 파트너'로 선택했습니다. 그들의 이웃에게 귀신이 들려 고통스런 삶을 살고 있을 때 예수께서 그를 만나 고쳐주시는 과정에서 그 마을 사람들의 재산인 돼지 떼에 적지 않은 피해가 일어났기 때문입니다.

만약 오늘 우리 마을에 예수님께서 오신다면 우리는 어떤 선택을 할까요?
예수님입니까?
한 사람의 이웃의 생명입니까?
아니면 돼지입니까?

돼지는 한국인이 즐겨먹는 음식의 재료일 뿐 아니라 돼지 저금통이 상징하듯 부의 상징이기도 합니다.

예수님은 우리가 가진 돼지를 떼어놓기 위해서 이 세상에 오신 것은 아닙니다. 예수님은 우리의 삶에서 돼지의 중요성을 인정하십니다. 그러나 그보다 더 중요하고 값으로 도저히 환산할 수 없는 한 사람의 생명에 더욱 큰 관심을 갖고 계시기에 이 해프닝을 우리에게 보여주신 것이라 생각됩니다.

그 사실을 증명하시기 위해 예수님은 십자가에서 당신께서 피를 흘리시며 제물이 되셨습니다. 비록 내가 소유한 돼지가 없다 하더라도…. 내 생의 행복의 근원되신 예수님을, 또 다른 소중한 생명을 선택해야 하지 않을까요?

은과 금은 없지만 있는 것 예수를 나누고 싶어 했던 베드로와 요한의 관심은 오래된 불치의 환자를 고침 받게 하심처럼, 우리의 관심이 한 사람 한 사람의 소중한 생명에 머무를 때 또 다른 기적의 이야기는 계속 되리라 믿습니다. 그런데 요즘 교회들은 우리가 지닌 은과 금과 같이 대형 건물들로 으리으리합니다. 이를 두고 일부에서 '그리스도의 능력은 잃어버린 채 그저 세상 사람들처럼 돼지에만 몰두하고 있는 것은 아닌지?'라는 지적을 귀담아 들어야 할 때인 것 같습니다.

17

약함을 자랑

proud of weaknesses

"그러므로 도리어 크게 기뻐함으로 나의 여러 약한 것들에 대하여 자랑하리니 이는 그리스도의 능력이 내게 머물게 하려 함이라"(고린도후서 12:9)

다소간의 차이는 있겠지만 한국은 물론 미국에서도 열등감, 분노, 소외감 등으로 인해 우울증을 비롯한 여러 가지 정신적, 심리적 병적 증세를 안고 병원을 찾는 이들이 많습니다. 그래도 병을 치료하고자 병원을 찾거나 상담을 의뢰하는 것은 바람직합니다. 하지만 많은 이들은 혼자 되새기다가 절망과 분노가운데 자살로 생을 마감하거나 묻지마 폭행, 살인 등 끔찍한 결말을 맺곤 합니다.

우리가 흔히 알고 있듯이 미국에서는 쉽게 총기를 구입할 수 있어 총기 사고로 수많은 사람들이 희생을 당하곤 합니다. 해마다 여기저기 미국의 공립학교에서 벌어지는 총기 사고도 무너져 내린 가정에서 자란 환경적 열악함, 왕따 경험 등 여러 가지 열등감이 빚어낸 아픔들이라 할 수 있습니다.

때때로 우리는 연약함의 콤플렉스를 경험하며 살아갑니다.

하지만 바울 사도의 고백처럼 그 연약함을 직면하는 자세와 마음가짐을 새롭게 할 수만 있다면 오히려 그것이 인생의 보람과 축복을 제공하는 통로로 사용될 수도 있습니다. 하지만 깨닫는 것이 쉽지는 않겠지요.

영국의 학자 C.S. 루이스(Lewis)는 "사탄이 인간을 파멸시키기 위해 사용한 여러 무기 중 가장 강력한 무기는 사람들의 비교의식이다"라고 했습니다. 우리는 내가 가진 것과 다른 사람의 것을 끊임없이 비교하며 깊은 열등감 속을 헤매는 경우가 얼마나 많습니까? 외모, 학벌, 집, 자동차, 내 자녀가 다니고 있는 대학교, 심지어 우리 교회와 가까이 위치한 대형 교회를 비교하기도 합니다.

이렇게 끊임없이 주변의 것을 가치관의 중심으로 삼는다면 여러 가지 부정적인 결과를 경험하게 됩니다. 시기, 질투, 원망, 자기 학대, 좌절, 분리, 고독, 소외감 등 말입니다. 특히 그리스도인으로서 극복하지 못한 열등감에 싸여 있다면 하나님과 사람에 대한 원망의 뿌리가 되어 건강한 신앙 성숙을 이루는데 큰 걸림돌이 되기도 합니다.

사도 바울 역시 여러 가지 약한 것들, 고쳐지지 않는 가시 같은 불치의 병을 안고 살았습니다. 그러나 그는 그것들을 자랑했습니다. 왜일까요? 그는 하나님께서 자신의 이런 모습까지도 사용하기 원하신다는 사실을 알았기 때문입니다.

오늘 우리가 느끼고 있는 여러 가지 약한 것들 앞에 실망하거나 남과 비교해 피곤하게 살기보다는 내 모습 이대로도 하나님은 얼마든지 사용하실 수 있다는 것을 믿으며 산다면 보다 다른 삶을 살 수 있을 것입니다. 또한 병원이라는 연약함의 무대도 하나님의 능력이 선포되는 무대로 바뀔 수 있지 않을까요?

18

허울뿐인 행복의 껍데기를 벗고
예수님 만날 때

Take off the camouflaged happiness of the exterior, then meet Jesus

"삭개오라 이름하는 자가 있으니 세리장이요 또한 부자라"(누가복음 19:2)

미국의 병원이나 학교 또는 공원 등에 놓인 벤치에는 누군가의 이름과 태어난 날 그리고 세상을 떠난 날짜가 적혀 있습니다. 이는 벤치를 기증한 기증자의 이름입니다. 생면부지의 누군가가 기증한 벤치에 앉아 우리는 친구와 이야기를 나누고 책을 읽고 또는 혼자 사색에 잠기기도 합니다. 이보다 아름답게 기억될 수 있는 이름이 또 있을까요?

자녀가 태어나면 부모는 나름대로 좋은 이름을 지어주려 애씁니다. 부모가 그리스도인이라면 자녀의 이름은 아무래도 성경과 연관해 어떤 기대를 갖고 짓게 되기도 합니다. 앤드류 역시 예수님의 제자 중 한 사람의 이름입니다. 생전의 앤드류는 자신의 이름에 대해 영적으로 부담을 갖는 것 같기도 했습니다.

어떤 사람은 이름에 맞는 삶을 살기도 하지만 전혀 이름값을 못하고 사는 사람들도 있습니다. 삭개오가 그랬습니다. 그 이름의 뜻은 원래 '청결한 사람'이라는 뜻입니다. 그러나 삭개오는 소문난 죄인의 삶을 살았습니다.

로마 정권에서는 세리장으로 어느 정도 권력도 있었습니다. 때문에 동족인 유대인들로부터 매국노라는 비난을 받기도 했지만 그는 수단과 방법을 가리지 않고 돈을 긁어모아 부자가 되었습니다. 그러나 권력과 축적해 놓은 많은 재물로도 진정한 행복을 누릴 수 없었기에 예수님을 만나고자 했습니다.

삭개오는 "행복 없는 무의미한 세월을 보낼 수 없다"는 성찰 가운데 그가 살고 있는 마을에 예수님께서 방문하신다는 소식을 듣고는 그분을 만나고 싶다고 결심합니다. 삭개오는 예수님을 만나기 위해 그의 명예와 자존심을 벗어버리고 뽕나무 위에 올라가 예수님을 기다렸습니다. 드디어 마을에 도착한 주님은 삭개오가 머문 나무 앞으로 다가오셔서 그에게 "속히 내려오라"고 말씀하셨습니다.

사실 예수님은 삭개오를 만나기 위해 그 마을에 오신 것이지 결코 우연히 지나신 것이 아니었습니다. 오히려 그와의 만남을 기대하시며 그에게 다가가셨습니다. 마치 사마리아 우물가 여인을 만나기 위해 "사마리아를 통과하여야 하겠는지라"(요한복음 4:4)라고 하신 것과 같은 필연성이 있었습니다.

외형적으로는 화려해 보였지만 내면은 텅 비고 메마른 삶을 살던 삭개오는 예수님을 만난 후 비로소 진정한 행복을 소유한 사람이 되었습니다. 삭개오는 예수님을 만난 즉시 삶의 가치관이 변하게 되었습니다. 어쩌면 삭개오는 수단과 방법을 가리지 않고 부자가 되기 위해 애쓰는 오늘 우리들의 자화상일 수도 있습니다.

예수님은 오늘도 허무와 불안한 마음을 갖고 누군가를 기다리는 이들 앞에 다가가십니다. 그리고 말씀하십니다.

"속히 내려오라."

예수님은 삭개오의 이름을 먼저 아시고 기억하셨습니다. 우리의 이름이 세상 사람들에게 아름답게 기억되는 것도 중요하지만 예수님이 기억하시고 칭찬하시는 이름이 되어야 하지 않을까요?

19

열려라 참깨

Open Sesame

"제자들이 유대인들을 두려워하여 모인 곳의 문들을 닫았더니 예수께서 오사 가운데 서서 이르시되 너희에게 평강이 있을지어다"(요한복음 20:19)

요즘은 불경기로 인해 폐업을 한 가게들을 심심치 않게 보게 됩니다. 가게뿐 아니라 사람 사이에서도 폐업을 하듯 마음의 문을 꽁꽁 닫고 사는 사람들을 만납니다. 이들은 살면서 경험한 상처들로 아파하며 더 이상 지속할 수 없는 인간관계의 갈등 속에 마음의 문을 굳게 닫아버립니다. 그리고는 두꺼운 삶의 껍질을 벗어내지 못하고 절망과 탄식 속에 살아갑니다. 이와 같은 우리의 이웃들을 볼 때면 어린 시절 읽었던 아라비안나이트 중 알리바바와 40인의 도적 이야기가 떠오릅니다.

알리바바의 형 카심은 어느 날 도적들이 엄청난 보물을 숨겨놓았다는 걸 알게 됩니다. 그리고 그 보물 창고인 동굴의 문을 열 수 있는 암호가 "열려라 참깨(Open, Sesame)"라는 걸 알아내어 동굴 문을 열고 들어갑니다.

그 후 엄청난 자루에 보물을 잔뜩 담고는 밖으로 나오려하는데 그만 암호가 기억나지 않습니다. 여러 가지 주문들을 외워보지만 모두 실패하고 결국 보물 창고로 돌아온 도적떼에게 잡혀 죽임을 당하게 됩니다.

현재 우리가 살고 있는 이 세상은 과거 어느 시대에도 가져보지 못했던 풍부하고 편리한 보물들로 가득 차 있습니다. 그러나 많은 사람들은 닫힌 동굴 속에서 출구를 찾지 못한 채 안타깝게 생을 마감합니다. 마치 알리바바와 40인의 도적의 카심처럼 말입니다.

한동안 예수님의 제자들은 예수님과 동행할 때 두렵거나 무서운 것이 없었습니다. 오히려 어깨가 으쓱으쓱 올라가고 많은 사람들 앞에 자랑스럽게 나가 힘주어 이야기하던 시간도 있었습니다. 그러나 예수님이 십자가형을 언도받고 돌아가시자 그 제자들은 외부로 나가는 모든 문을 차단한 채 꼭꼭 숨어 두려움에 떨고 있었습니다.

지금 이 생에서 오늘을 살고 있는 예수님의 제자들인 우리도 삶의 현장에서 출구를 찾지 못하고 닫힌 문 안에서 두려움과 절망에 떨곤 합니다. 이렇게 굳게 닫힌 문을 우리는 열 수 있을까요?

네! 우리는 그 문들을 활짝 열 수 있습니다.

부활하신 주님이 제자들에게 오셨을 때 제자들은 닫힌 문을 박차고 거리로 뛰어나와 예수님의 복음을 증거 했습니다. 지금 이 생에서 굳게 닫힌 문을 열 수 있는 우리의 암호는 오직 부활하신 예수님을 다시 바라보는 일입니다.

쇠사슬에 꽁꽁 묶여 육중한 감옥에 갇혀 있다 해도 탄식 대신 부활하신 주님을 바라보며 그 분이 하신 일들을 헤아리며 찬양할 때 베드로를 가두었던 감옥의 문이 열리고 사도 바울과 실라를 가두었던 빌립보 감옥의 문이 활짝 열렸듯이 오직 예수님을 바라본다면 우리 인생의 어떤 절망의 문들도 활짝 열릴 것입니다.

어떤 중환자가 치료 중인 병실의 문도, 설사 이미 영혼이 떠난 시신이 장례식장으로 향한다 하더라도, 그래서 더 이상은 사랑하는 가족을 만지며 바라볼 수 없는 절망의 문이라 할지라도, 부활하신 예수그리스도를 바라볼 때 주님께서는 그 부활의 능력으로 우리를 영광의 새 길로 인도하실 것입니다. 비록 육신의 문이 이 땅에서는 닫혔다 해도 영광스런 천국의 문으로 인도하실 것입니다. 그리고 이 땅에 살고 있는 이들에게는 주님의 부활의 능력으로 굳게 닫혀 절망 가운데 놓인 마음의 문을 열어 주실 것입니다.

20
신비스런 가시

Mystery of Thorns

"여러 계시를 받은 것이 지극히 크므로 너무 자만하지 않게 하시려고 내 육체에 가시 곧 사탄의 사자를 주셨으니 이는 나를 쳐서 더욱 자만하지 않게 하려 하심이라"(고린도후서 12:7)

병마와 싸우는 사람들이 공통적으로 느끼는 감정은 육신의 고통을 홀로 이겨내야 한다는 고독감이라 합니다. 우리 주변에서는 고독과 절망 속에서 하나님을 만난 사람들을 많이 찾아볼 수 있습니다.

바울 사도가 말하듯 사람들에게 있는 '육체의 가시' 즉 육체적 질병이 결코 좋은 것은 아니지만 육체의 약함으로 인하여 죽었던 영혼이 살아날 수 있고 하나님이 주시는 더욱 큰 은혜를 체험할 수 있다면 충분히 감사한 일일 것입니다.

어떤 그리스도인은 중병을 앓고 난 후 "나는 병상에 누운 뒤 그때까지 알고 배웠던 것보다 더 많은 것을 배우며 그의 은혜를 체험할 수 있었다"라고 말한 것은 되뇌고 곱씹어 볼 만한 이야기입니다. 육체적 질병 외에도 우리는 여러 가지 다양한 인생의 가시에 찔려 상처받고 아파합니다. 그러나 그 슬픔조차도 하나님이 우리를 더욱 더 유익하게 만들어 가는 도구일 수 있습니다.

우리의 삶은 말 그대로 천차만별입니다.
어떤 이는 태어나면서부터 이미 가시밭인 환경에 놓이기도 합니다. 또 우리는 살아가면서 스스로가 만든 가시에 찔리기도 하고 어떤 때에는 다른 이들이 만들어놓은 가시에 찔려 아파하기도 합니다.

바울 사도 역시 고칠 수 없는 육체의 가시 환경 속에서 태어났고, 그가 하나님의 일을 하면서도 함께 일하던 주변 사람들과의 관계 속에서 수없이 많은 가시에 찔리기도 했습니다. 바울 사도는 육체의 가시가 자신을 괴롭힐 때마다 그가 경험한 크고 놀라운 하나님의 계시를 묵상했습니다.

바울 사도는 그를 만드시고 그의 아픔을 아시는 하나님을 의지하면서 그의 갈 길을 재촉했습니다. 그는 자신이 경험한 가시의 경험이 오히려 주님께 드리는 영광의 향기를 발산할 수 있었습니다. 그와 같이 오늘 우리들의 육체의 가시도 또 다른 신비스런 하나님의 축복의 도구가 될 수 있다고 믿습니다.

21
나는 부활이요 생명이니
I am the resurrection, and the life

"예수께서 이르시되 나는 부활이요 생명이니 나를 믿는 자는 죽어도 살겠고"

(요한복음 11:25)

미국에서는 앤드류의 병간호를 위해 수없이 많은 날을 병원에서 보냈습니다. 한국에 와서도 가끔은 친구, 지인 등의 병문안을 위해 병원을 찾기도 합니다. 그런데 병문안을 갈 때마다 이상하다고 느끼는 것이 있습니다. 사람들의 입에서 나오는 "죽겠다"는 말이 그것입니다. 그리고 보니 한국인은 "죽겠다"는 말을 자주 사용합니다. 미국인들도 "죽겠다"는 말을 합니다. 그러나 뜻은 완전히 다릅니다.

미국의 병실에서 "죽겠다"는 말이 나올 때는 고통으로 힘들어하는 환자가 절규할 때 사용합니다. 그런데 한국 병원의 병실에서는 "죽겠다"는 단어가 아주 쉽게 나옵니다.

배고파 죽겠네, 배불러 죽겠네, 피곤해 죽겠네, 예뻐 죽겠네, 미워 죽겠네, 졸려 죽겠네, 뭐 마려워 죽겠네, 심심해 죽겠네….

우리 한민족의 뿌리에는 역사적으로 피곤한 삶을 살아온 탓에 죽음의 두려움에 사로잡힌 잠재의식이 일상생활에서 언어적 표현으로 표출되는 듯합니다. 인간에게 죽음은 결코 웃고 넘길 수도, 도피할 수도 없는 누구나 한 번은 직면해야 할 심각하고도 필연적인 의무사항입니다.

기독교가 한국에 전파된 지 꽤 오랜 시간이 흘렀습니다. 이제 한국에서 그리스도인의 숫자는 큰 비중을 차지합니다. 이제는 "죽겠다"라는 습관적 언어에 변화를 줄 때가 왔다고 생각합니다. 왜냐면 그리스도인은 어떤 경우에도 소망을 갖고 살아가야 하기 때문입니다.

예수님은 죽은 나사로를 다시 살리시는 유명한 사건에 앞서 인간의 죽음에 대한 두 가지 소망을 분명히 우리에게 보여주셨습니다.

첫째는 죽음으로서 모든 것이 끝나 없어지는 것이 아니라 부활이 있다는 사실입니다. 예수그리스도 자신의 부활을 보이시기에 앞서 먼저 예표하신 이 사건은 죽음 건너편에 존재하는 인간의 소망을 확실히 보여주신 사건입니다.

둘째는 죽음은 부활을 통해서 해결될 뿐 아니라 이 땅에서 예수님의 생명을 받아들일 때 이미 죽음은 극복되고 영원한 생명이 경험된다는 사실입니다.

인간이 언젠가는 직면해야 할 가장 중요한 미래의 사건인 죽음에 대해 이미 극복하게 하셨고, 오늘도 당신의 제자들 곁에 동행하고 계셔서 우리 모든 삶의 위기를 극복하게 하시는 그리스도의 부활의 능력을 믿는다면 이제 더 이상 습관적으로 사용하는 "죽겠네"는 없어야 할 것입니다.

22
재활용품이라도 사용되게 하소서!

Garage Sale

"모세가 하나님께 아뢰되 내가 누구이기에 바로에게 가며 이스라엘 자손을 애굽에서 인도하여 내리이까"(출애굽기 3:11)

병원 의료진은 퇴원을 앞둔 환자들에게 재활을 위한 운동과 회복에 이르기 위한 여러 가지 절차를 주지시키고 안내합니다, 덕분에 병원 복도에서는 재활 등의 목적을 갖고 걷기 등의 운동을 하는 사람들의 모습을 보게 됩니다. 또한 재활을 담당하는 의료진들의 바쁜 움직임도 눈에 띕니다.

몸이 회복된 환자들은 건강을 되찾아 가정으로 또는 학교나 사회로 돌아가기 위해 애를 씁니다. 특히 육체적인 환경을 '정상'으로 돌이키기 위해 부단히 노력합니다. 건강을 되찾아 다시 쓰임 받는 인생을 산다는 것은 참으로 큰 축복입니다. 아무짝에도 쓸모없는 폐품처럼 내다버려지는 인생이 아니라 다시 회복되어 쓰임 받는 인생이 된다는 것을 생각하면 주변에서 쉽게 볼 수 있는 '창고 세일(garage sale)'을 떠올리게 됩니다.

미국에서는 주말마다 동네 여기저기에서 '창고 세일(garage sale)' 간판을 볼 수 있습니다. 대부분 자신의 집 앞 공터 또는 차고 문 앞에 물건들을 내놓고 싼값에 판매를 합니다. 그중에는 새것도 있지만 십중팔구는 쓰던 물건입니다.

한국에서는 재활용품 사용이 그다지 인기가 없지만 미국에서는 필요한 물건을 창고 세일 때 건져 오는 경우가 종종 있습니다. 가끔은 꼭 필요한 물건을 엄청 싼값에 '득템'하고는 "횡재했다"고 생각하기도 합니다. 물품들을 보면 새것의 1/10 또는 수십 분의 일 가격도 안 되는 싼값에 팔리기도 하는데 이중에는 포장지도 뜯지 않은 새것도 있습니다. 하지만 창고 세일 자리에 나온 이상 아무리 새것이라 해도 제 값을 받을 수는 없습니다.

어쩌면 우리 인생도 이와 같다는 생각을 합니다. '나'라는 인생을 사용하지 않고 잘 보관하면 가격이 오를 것 같지만 사실은 그렇지 않고 가격이 점점 더 내려간다는 것입니다. "한 번도 사용하지 않았다. 아직 새것이다"라고 해도 소용이 없습니다. 창고 세일처럼 제값을 받지 못합니다.

그러나 하나님이 주신 달란트로 받은 우리 몸을 부서져라 사용해 망가졌을 때 오히려 하나님께서 인정해주실 뿐 아니라 하나님 앞에 사용되어지는 '나의 나'됨 가격은 올라가게 됩니다.

모세는 한때 자신의 힘으로 동족을 위해 뭔가 하려 했습니다. 그러나 실패하였고 도망자가 되어 미디안 광야에서 양치는 목자가 되어 만족하며 살았습니다. 그러던 어느 날 하나님을 만나 "네가 할 일이 있다. 애굽으로 가라"는 사명을 받았습니다.

당시 모세는 "이미 세월이 흘러 모든 꿈과 비전이 사라져 아무것도 할 수 없는 고물 신세"라고 생각했습니다. 하지만 하나님의 사명을 받은 모세는 "나는 아무것도 못하지만 하나님이 함께 하시며 능력주시면 하나님께 놀랍게 쓰임 받을 수 있다"는 사실을 깨닫게 됩니다.

질병으로 인해 몸에 병이 들어 병원에 입원했다가 여러 가지 치료를 받고 회복되는 사람들을 보곤 합니다. 그럴 때면, 죄로 인해 영적으로 폐허가 되었다가 예수님이 주신 새 생명의 은혜로 다시 쓰임 받게 되는 축복을 누린다고 생각하게 됩니다. 아무리 우리가 세상 사람들에게는 별로 값어치가 없는 볼품없는 존재로 변해 간다 해도 하나님 앞에서는 가격이 오르는 사람이 될 수 있고 이를 '재활용의 은혜(recycling grace)'라 할 수 있습니다. 주님은 죄악의 고철 덩어리처럼 단단히 굳어진 쓰레기 덩어리 같은 우리를 수거하시어 당신이 십자가에서 흘리신 보혈의 용광로에 녹여 새롭게 만들어 주십니다.

그리스도안에서 거듭난 저들이 하나님 앞에서 유용하게 쓰임 받는 창고 세일 인생이 되고, 하나님과 이웃들에게 아름답게 사용되어지는 재활용품이 된다면 이는 단순한 재활용품이 아니라 하나님이 기억하시는 명품 인생으로 바뀔 것입니다.

23

유종의 미 인생과
도중하차 인생의 차이

Happy and sad endings

"이는 너희 믿음의 시련이 인내를 만들어 내는 줄 너희가 앎이라 인내를 온전

히 이루라 이는 너희로 온전하고 구비하여 조금도 부족함이 없게 하려 함이

라"(야고보서 1:3-4)

병원에서 투병 생활을 하다가 병이 낫지 않고 더욱 악화돼 결국
삶을 마감하는 이들도 있습니다. 그렇다고 해서 그들 모두가 절망
하며 세상을 마감하지는 않습니다. 오히려 육신의 병이 아닌 마음
의 병으로 인해 절망을 경험하다가 자살이라는 극단적인 방법으

로 인생을 마감하기도 합니다. 그러나 우리의 삶은 마지막에 이르러 얼마든지 아름다울 수 있다는 것을 앤드류를 통해서 깨달았습니다. 그리고 병원을 오가며 만난 수많은 이들을 통해서 확인할 수 있었습니다.

오래전에 일본 마쓰시타 전기회사의 창업자인 마쓰시타 고노스케 씨가 쓴 자서전을 읽었습니다. 이는 일본에서는 비즈니스 성경이라 불릴 만큼 유명한 책입니다. 이 책의 내용 중에 인상 깊은 내용이 나옵니다.

일본 최고로 꼽히는 공대를 우수한 성적으로 졸업한 사람이 마쓰시타 회사에서 입사 시험을 치렀습니다. 문제도 쉬웠고 당연히 합격했을 것으로 생각했습니다. 그런데 시험 감독관의 전산처리 실수로 그는 합격자 명단에서 누락되었습니다.

그는 불합격 소식을 듣고는 분노와 수치심으로 수면제를 다량 복용하고 자살이란 극단적인 방법으로 생을 마감했습니다. 나중에 이 안타까운 소식을 전해들은 마쓰시타 고노스케 회장은 "참으로 안타까운 일이지만 우리 회사로는 참으로 다행이 아닐 수 없습니다"라고 말했습니다, 왜냐면 그 정도의 좌절도 이겨 내지 못해 극단적 선택을 할 사람이라면 회사에서 중요 업무를 담당하다가 위기가 찾아왔을 때 충동적이고 비극적인 방법으로 회사 일을 처리할 수 있지 않았을까? 그랬다면 회사에 큰 불행을 가져올 수도 있기 때문입니다.

우리는 살면서 코앞의 인생도 알 수 없습니다. 하지만 하나님께서는 우리를 좀 더 성숙하게 만들기 위해 때때로 인내가 필요한 장소, 역경의 시간에 우리를 두기도 하십니다. 요즘은 기독교 신앙을 지녔다고 하는 이들 가운데서도 자살이라는 극단적 방법으로 삶을 마감하는 이들이 있습니다. 오죽하면 그랬을까?라는 안타까움과 동정의 마음이 들기도 하지만, 성경의 가르침은 분명합니다.

극적으로 홍해 바다를 건너 신나게 행진하던 이스라엘 백성들이 마라의 쓴물의 위기 앞에 처했을 때 그 쓴물이 단물로 경험되는 축복이 있음을(출애굽기 15:22-27) 그리고 거기서 주저앉지 않고 일어나 조금만 더 가면 엘림의 오아시스의 축복이 기다리고 있다는 사실을 우리는 명심해야 합니다.

24

하나님이 여기에 나를 두신 것, 다 이유가 있습니다

There is a reason where God has placed me here

"내가 너를 그레데에 남겨둔 이유는 남은 일을 정리하고 내가 명한 대로 각 성에 장로들을 세우게 하려 함이니"(디도서 1:5)

수년 전 뉴욕의 브롱스 지역의 한 아파트에서 화재가 발생했습니다. 그 아파트 3층에는 생후 한 달된 어린 아이와 서른 살의 엄마가 함께 있었습니다. 순식간에 번진 불길 때문에 아파트 3층 전체가 불길과 연기에 휩싸여 도저히 피할 길이 없었습니다.

그러자 아기 엄마는 태어난 지 한 달밖에 되지 않은 아기를 이미 화염으로 휩싸인 창문 밖으로 던졌습니다. 결과적으로 말하자면 다행스럽게도 엄마와 아기는 모두 구조가 됐습니다. 구조 후 아기의 엄마는 이렇게 말했습니다.

"그때 아들을 던지면서 "제발 창문 아래에 누군가 있어 내가 던진 아들을 받아 살려 주세요"라고 기도했습니다."

그녀의 기도는 이뤄졌습니다. 화재가 발생했을 때 현장에서 불 끄는 일을 돕고 있던 펠릭스라는 공무원이 3층에서 떨어지는 그녀의 아들을 품에 안은 것입니다.

그런데 펠릭스는 직장 동료들이 모여서 만든 야구팀에서 포수를 담당했습니다. 평소에도 잡는 것이 주특기인 사람이었습니다. 더 놀라운 사실은 그는 10대 때 이미 생명 구조 요원의 꿈을 안고 인공호흡법을 배웠다는 것입니다.

그래서 생후 한 달밖에 되지 않은 아이가 창문 밖으로 던져졌을 때 포수의 실력으로 아이를 잡아 안고는 인공호흡법으로 아기를 살려낸 것입니다. 더 흥미로운 사실은 펠릭스는 화재 현장에 투입되며 "내가 도움이 되는 일을 하게 하소서"라고 주님께 기도를 했다는 것입니다.

화재 당시 아기 엄마는 창문 밑에서 어떤 상황이 벌어지는지, 누가 있는지 아무것도 알지 못했습니다. 위기의 상황에서 "살려달라"

는 기도와 함께 아이를 던진 것뿐이었습니다. 그런데 아기가 떨어지는 그 위치에 아기를 가장 잘 받을 수 있는 사람이 준비되어 있었을 뿐 아니라 연기로 인해 이미 숨이 고르지 않은 아기를 살리기 위해 인공호흡까지 할 수 있었다니, 이것은 기적일 수밖에 없습니다.

하나님이 우리를 어떤 장소에 두신 것에는 다 이유가 있습니다. 하나님은 우리의 달란트와 기도를 통해 하나님 나라를 세워가기 위해 가장 적합한 장소에 우리를 부르시고 보내셨습니다.

스데반 집사님은 초대 예루살렘 교회가 부흥하고 성장 하는데 참으로 귀하게 쓰임 받았던 젊은 집사님이었습니다. 그는 교회를 위해 그리고 하나님 나라를 위해 더 오래 살아서 귀한 일을 많이 했으면 좋았을 것입니다. 그런데 하나님은 우리가 알 수 없는 이유로 스데반 집사님을 예루살렘 교회의 첫 순교의 제물로 삼아 천국으로 데려가셨습니다.

사람들은 애석하고 안타깝다고 말할 수 있습니다.
그러나 하나님은 실수가 없으시고 정확하십니다. 하나님의 시간표에 의해서 스데반 집사님을 보내셨고 비록 짧은 인생을 살게 하셨지만 그리스도인으로서 멋있게 살게 하셨습니다. 주님은 돌에 맞아 피 흘리며 마지막 호흡을 몰아쉬던 스데반 집사님을 두 팔

벌려 맞이하셨습니다.

그때 그 현장에 나중에 바울 사도가 된 사울이 있었습니다.

하나님께서는 한 사람에게 하나님 나라를 위한 지상 시간표를 끝내게 하시고는 이어서 또 다른 사람을 시켜 새롭게 문을 열게 하십니다.

앤드류를 우리에게 보내신 하나님이 그의 시간표를 마무리 하시고는 새로운 이들이 하나님의 나라를 향한 소망의 시간표를 열게 하셨노라고 믿습니다.

하나님께서는 우리에게 앤드류를 보내시고 짧은 시간이 지난 후 당신의 영원한 나라로 데려가시는 현장을 지켜보도록 허락하신 이유가 있습니다. 우리를 이곳에 두신 것에는 다 이유가 있습니다. 하나님은 앤드류와 우리 모두의 삶의 여정에서 각자에게 맡기신 달란트와 우리의 섬김을 통해 하나님 나라를 세워가게 하시기 위해 가장 적합한 장소에 우리를 부르시고 보내셨습니다.

하나님은 사랑하는 앤드류를 이민 목회자의 자녀로 우리 가정에 보내주셨습니다. 앤드류는 막내로 태어나 성도가 없는 작은 이민 개척 교회 등에서 주보를 돌리거나 교회 마당에서 사역의 현장을 함께 경험했습니다. 앤드류는 대학 입학 후에는 교내 기독교 동아리에서 활동했고 병원에서 짧은 생을 마감했습니다. 우리는 그를 보내신 하나님의 이유를 몇 해 동안 온몸으로 나누었고 결국 하늘나라로 떠나보냈습니다.

하나님은 뜻하신 목적 가운데 앤드류를 이 땅에 보내주셨고 또한 하늘나라로 부르셨습니다. 이와 마찬가지로 우리 또한 하나님의 목적 가운데 지금 이곳에 있습니다. 그리고 주님께서 우리를 이곳에 남겨두신 것에는 제 각각의 이유가 있습니다. 할렐루야!

에필로그

앤드류의 마지막 흔적

앤드류의 영혼은 주님 품에 곧장 안겼지만 그의 마지막 육신의 흔적은 꽤나 멀리 그리고 주님이 만드신 세상 곳곳으로 흩어졌습니다. 언제가 그의 친구들도 복음을 가지고 땅 끝으로 흩어질 것처럼 말입니다.

앤드류의 마지막 육신의 흔적은 그가 평소 즐겨 찾던 샌프란시스코 금문교 다리 밑의 바다에 뿌려졌습니다. 그리고 일부는 그의 친한 친구들에 의해 일본, 말레이시아, 아프리카, 남미, 페루 … 그리고 아빠인 저에 의해 할아버지가 잠든 용인에 뿌려졌습니다.

어떤 이들은 먼저 떠난 사람의 유품을 간직하기도 하지만 대부분의 사람은 옷, 신발 등을 정리하거나 태우기도 합니다.

제게는 하늘나라로 먼저 떠난 사람 중에 막내 아들 앤드류와 친한 친구 목사가 있습니다. 그런데 공교롭게도 두 사람과 저의 신발 사이즈가 같습니다. 그래서 저는 앤드류와 친한 친구의 신발을 아직도 간직하고 있습니다. 그리고 가끔은 그 신발을 신고 생각해봅니다.

'앤드류가, 친구 목사가 이 신발을 신고 정말 가보고 싶었던 곳은 어디였을까?'

생전의 앤드류는 브라질을 꼭 한번 가보고 싶어했습니다. 그래서 포르투갈어를 공부하기도 했는데 그곳은 못 갔지만 지금은 브라질보다 훨씬 더 좋은 천국에서 주님과 함께 거닐고 있겠지요.

그리고 분명 "오늘도 걷는다마는 정처 없는 이 발길 지나온 자욱마다 눈물 고였다"라는 유행가 가사처럼 그저 이 땅에서 한평생 정처 없는 나그네로 살다 간 것을 후회하지 아니하고, 저들의 삶의 날에 함께 하신 주님의 은혜를 기억하며 모든 추억의 발자국을 감사하고 있을 것입니다.

그래서 이 땅에 아직 남겨진 나는, 오늘도 걷습니다. 아직 걸어야 할 길, 예수 그리스도께서 "내가 바로 그 길이다"라고 말씀하신 그 길, 그 발자취를 향해서….   – 앤드류 아빠 이동성 목사

샌프란시스코 금문교

앤드류가 10년 전 방문했던
할아버지 무덤

형과 누이가

사랑하는 동생 앤드류를 우리에게 보내주심에 감사드리며…

앤드류가 이 땅에서 살다간 25년은 정말 아름다웠고 많은 사람들의 마음을 따뜻하게 어루만져 주었습니다. 저는 앤드류의 누이로서 그렇게 빨리 작별인사를 하게 될 줄 상상조차 하지 못했습니다.

지금은 우리 주님과 천국에 함께 있지만 지금도 그를 기억하고, 또 새롭게 알게 된 사람들에게 그의 스토리가 계속되고 있다는 사실이 무척 기쁩니다.

동생의 이야기를 몇 문장에 다 기록할 수 없다는 부담감을 가진 저에게 동생은 지금도 말하는 것 같습니다.

"누나가 말하고 싶은 거 아무거나 써!"

2015년 1월에 스탠퍼드 대학병원에서 임상실험을 하기 위해 병원 스태프들과 만나 이야기할 때 앤드류에게 "질문이 있냐?"고 묻자 그의 첫 질문은 "여기 병원 음식이 어때요?"라는 것이었습니다. 다소 엉뚱하지만 앤드류는 매사에 그렇게 사람들에게 편하게 다가가는 스타일이었습니다.

병원이나 여러 클리닉 간호사와 여러 병원 스태프들을 만날 때 앤드류는 인터넷 온라인을 통해서 그들의 정확한 직무나 월급정보 등을 미리 알아보고 그 사람들이 병원에서 얼마나 중요한 일을 하는 사람들인지 알고자 했습니다.

그리고 병실에 함께 있을 때 꼭 간호사들이 해야 할 일이 아니라면 내게 부탁하곤 했는데, "왜 그들에게 부탁하지 않냐?"고 물으면, "너무 그 사람들을 귀찮게 하고 싶지 않아"라고 대답했습니다. 그만큼 사람들에게 배려가 많은 동생이었습니다.

앤드류를 말할 때면 그의 낙천적인 성격을 빼놓을 수가 없습니다.
그의 병이 괜찮다가 재발했다는 진단을 받았을 때, 가족들은 침통한 눈을 흘렸습니다. 그러나 앤드류는 의사들에게 "감사하다"며 "지금 영화 '어벤저스'를 보러 가도 괜찮아요?"라고 물어 모든 사람을 웃음짓게 만들었습니다.
심지어 그가 떠나기 일주일 전까지 육체적으로 아프고 견디기 힘든 증상들이 겹쳐 여러 가지 검사를 하는 와중에 닥터가 그의 몸을 만지며 다른 곳을 보자 옆에 있던 나를 향해 혀를 내밀고 '메롱'하는 모습을 보이기도 했습니다. 이런 삶의 여유를 도대체 어떻게 설명할 수 있겠습니까?
수년 동안 계속된 고통스럽고 힘든 투병 기간에도 앤드류는 주님을 신뢰하며 기도하며 찬양을 올려드렸습니다. 아빠가 이 책 처음 부분에도 쓴 것처럼 마지막 한 달을 보내기 위해 응급실에 들어가서 의료진을 기다리면서 처음 그가 한 일은 Give Thanks「주께 감사드리세」라는 찬양이었습니다.
마지막 순간까지 웃음으로 모든 사람들을 대하던 사랑하는 동생의 마음은 진심으로 하나님이 주신 평화의 의미를 알고 누리고 있었기 때문이라 생각됩니다.

이 책을 통하여 앤드류의 이야기를 대하신다면 혹시라도 인생에서 어떤 힘든 시간을 보내실 때 예수그리스도께서 사랑하는 동생에게 주셨던 그 위로와 평안 그리고 웃음을 주시길 기도드립니다.

앤드류를 통해서 알게 된 행복의 의미가 우리와 함께하길 바라면서…

- 앤드류의 누이 한나,

그리고 형 조슈아

앤드류를 추억하며

정말 특별한 청년이었습니다

성경 말씀에 의하면 이 세상에 태어나는 모든 사람은 하나님에게 아주 중요하며 귀중한 존재라고 말씀하십니다(시편 139편 1-18절, 요한복음 3:16절). 저 또한 앤드류를 기억하는 여러 사람 중 한 사람으로서 그는 정말 특별한 청년이었음을 이야기하고 싶습니다.

저는 앤드류의 초등학교 시절부터 고등학교를 마칠 무렵까지 그의 아버지가 목회하던 교회의 학생부 담당 전도사로 섬겼습니다. 앤드류를 가까이에서 지켜보며 그 가족과 함께한 시간들은 제겐 참 귀한 시간이요, 이렇듯 다시 앤드류를 기억함이 큰 기쁨이요 특권이라 생각됩니다.

앤드류뿐 아니라 그의 형 조슈아, 누이 한나와 더불어 교회에서 함께 한 시간뿐 아니라 때때로 극장에도 함께 가고 게임도 함께한 많은 추억들이 떠오릅니다.

특히 제 친구인 다니엘 서 전도사님이 공부하셨던 북가주 신학교로 함께 여러 번 여행을 가기도 했습니다. 앤드류는 막내라 늘 조용하고 순종적이었으며, 그의 특허 마크라 할 수 있는 웃음과 유머로 우리를 즐겁게 했을 뿐 아니라, 때때로 그만의 개성을 보여주곤 했습니다.

앤드류는 형제들이 먼저 대학으로 떠나고 하이스쿨에 혼자 남게 되자 부드러우면서도 책임감 있는 학생부 리더로 성장했습니다. 그의 친구들에게도 유머가 많고 친절한 리더의 역활을 보였으며 그의 주변에는 늘 많은 친구들이 함께해 즐거워했습니다.

앤드류도 시간이 흘러 대학에 가게 되었을 때 저는 참 뿌듯한 마음으로 그의 앞날을 기대하며 잠시 이별했습니다.

그때 저 자신도 학업을 계속하기 위해 뉴욕으로 가게 되었습니다. 그가 대학에 머물렀던 기간에도 이 목사님 가족과 주고받은 소식을 통해 앤드류가 재미있게 대학 생활을 하면서 스페인 바르셀로나 대학으로 교환학생으로 가게 된 것 등을 알게 됐습니다.

그러던 중 그가 대학을 졸업하자마자 급성 골수 백혈병을 앓게 되었다는 충격적인 소식에 모든 할 말을 잃었습니다. 그는 제가 아는 사람들 중에 베스트라 할 수 있는 최고의 앞날을 기대하던 젊은이었는데…"하

나님, 왜 앤드류를?'

'우리 가운데 왜 좋은사람들을 먼저 떠나보내야 하는지?'라는 질문에 저도 정확한 답을 할 수는 없습니다. 하지만 마태복음 5장 45절에서 예수님께서 "하나님이 그 해를 악인과 선인에게 비추시며 비를 의로운 자와 불의한 자에게 내려주심이라" 하심처럼 다른 말로 말하자면, 하나님께선 사랑하는 우리의 좋은 사람들에게도 비극적인 사건을 허락하신다는 역설적인 말씀이라 생각됩니다.

앤드류는 그의 투병 과정을 지켜보며 마음 졸이고 함께 기도했던 많은 친구들을 다시 만나는 부활의 소망과 영원한 생명에 관심을 갖게 하였고, 또한 앤드류의 아빠가 앤드류의 스토리를 담은 이 책을 통해 많은 사람들이 예수님께 돌아오는 은혜의 통로로 사용되게 하실 줄 믿습니다. 저는 앤드류가 이 땅에 있을 때도 항상 행복한 미소를 간직하고 있었는데 지금 천국에선 얼마나 크고 아름답고 기쁜 스마일을 하고 있을지 궁금합니다.

지금 앤드류는 이 책을 읽는 당신에게도 그가 믿고 의지한 주님이 주신 큰 기쁨 가운데 "더 이상 울지 않아도 돼요. 먼저 기다릴께요"라고 말하는 모습이 보이는 듯합니다.

– Fred S Tsutagawa(Columbia university에서)

앤드류 이야기…

고명진(수원 중앙 침례교회 담임목사)

비록 이 땅에서 짧은 생을 마치고 떠났지만
무게로 의미로 짙은 향기를 풍기는 앤드류여
그대야말로 偉人 중 위인이어라.
출생은 알파 떠남은 오메가!
이 오메가 포인트에 아름다운 방점(傍點)을 남긴 그대의 흔적!
"왜 울어? 난 괜찮아"
눈물겹도록 곱고 찬란한 이 한마디가 모든 신앙인들의 고백이
될 수 있기를 기도합니다.
믿음으로 산다는 것이 어떤 것인지 착하고 예쁘게 사랑한다는
것이 무엇인지를 보여 주는 삶을 옥구슬처럼 엮어낸 글을
추천합니다.
눈으로가 아니라 가슴으로 영혼으로 읽어야 할 슬프지만 가슴
따듯한 이야기를…

김관성(행신침례교회 담임목사)

인간이 경험하는 아픔 중에 자녀를 하나님 품으로 먼저 보내는 것 보다
더 고통스러운 것이 있을까요? 그들에게 남은 인생은 어쩌면 고통이
더 가중되어 속히 생의 시간이 끝나기를 고대하는 심정이겠지요.

이동성 목사님의 믿음의 세계를 한 번 보십시오.

그는 이제 평범한 시간 속에서는 보지 못했던 것들에 눈을 뜨고,
소중한 존재를 상실한 그 사건 속에서
가장 소중한 것이 무엇인지 확인하여,
절망과 좌절은 신자가 가서는 안 되는 길임을 노래하고 있습니다.

신자가 겪는 고통의 문제를 다룬 그 어떤 책보다 큰 울림과
도전을 우리에게 안기는 책이 될 것이라 확신합니다.

김형준(동안교회 담임목사)

죽음은 비극입니다. 아픔입니다.
그리고 죽음은 사라짐입니다.
그래서 사람들은 슬퍼하며 고통스러워합니다.
이 죽음을 피할 수 없는 것이 인생이라면 인생은 아프고 슬픈 것입니다.
그러나 저자의 아들 젊은 앤드류는 죽음 앞에서 새로운 노래를 불렀고
죽음이 결코 슬퍼할 만한 것이 아니라는 선물을 남겼습니다.

그에게 닥친 고통스러운 죽음의 선고가 부활의
소망을 가진 그를 결코 묶을 수는 없었습니다.
그리고 슬픔을 넘어 우리에게 참된 부활의 소망으로
죽음을 새롭게 바라보게 만들었습니다.

마음을 다해 이 책을 사랑하는 이들을 위하여 추천합니다.

송길원(하이패밀리 가정선교훈련센터 대표)

나는 앤드류의 삶의 발자취를 들여다보며 파블로 네루다(칠레의 시인
1971년 노벨 문학 수상자)의 말을 떠올렸다.
"누군가 꽃을 꺾어갈 수는
있지만 봄을 빼앗아갈 수는 없다"
앤드류에게 인터뷰를 요청해 묻는다. 희망이 무어냐고?
그가 이렇게 답할 것만 같다.
"Hold On. Pain Ends.(끝까지
참아내. 시련은 끝날 거니까)"
우리나라 소아암 환자는 연간 1만 4,000여 명으로 알려져 있다.
병마와 싸우는 그들과 그 가족들에게 앤드류의 책을
응원가로 건네고 싶다.
아니 우울증, 불안, 두려움, 공황장애 등 심리적 문제로
허우적거리는 이들에게 선물하고 싶다.

신정범(천안침례교회 담임목사)

어느 날 앤드류라는 젊은 청년에게 치명적인 위기가 찾아왔습니다.
모든 꿈이 깨져 절망할 수밖에 없는 현실에서
"하나님 저의 남은 생애 어떤 사람으로 살아야 합니까?"를 고민하며
"하나님 제 인생의 주인이 누구이며 저의 짧은 인생에서
제가 할 일이 무엇이란 말입니까?"라며 고통 중에도
그의 주인이신 하나님께 감사제를 드렸던 아름다운 청년 앤드류….
짧지만 많은 여운, 간증을 남기고 떠난 아름다운 청년
앤드류의 이야기를 같이 나누었으면 좋겠습니다.

안용호(기흥 지구촌교회 담임목사)

인생 푸르름의 절정기에 현대 의학으로도 치유가 불가능한 불치병으로
알려진 급성 골수 백혈병을 선고받고
"왜 나에게 이런 시련과 아픔을 주었냐?"라고 하늘 향해
항변할 수도 있었지만 그는 항변보다 순종을 선택했습니다.
그가 입원했던 병상에서 자신 때문에 아파하는 친구 동료
사랑하는 가족에게 "난 괜찮아"를 외치며 웃음과 희망을 전하는
전도자의 역할 잘 감당하다가 아름다운 이별을 했다는 이야기를
그의 가족들에게 들은 바 있습니다.
소름 돋는 감동이었습니다.
이 감동의 이야기 하나님을 향한 감사와 승리의 찬양이 지금도 병상에서 신
음하고 있는 이웃과 환우들에게 희망이 되었으면 좋겠습니다.
"왜 울어? 난 괜찮아!" 하나님 부르시는 그 언젠가 우리 모두의
신앙고백이며 외침이기를 기도하며 이 책을 추천합니다.

이동현(경기도 광주 복된 이웃교회 담임목사)

그 정겨운 모습 남겨놓고 사랑하는 이들 곁을 떠나갔지만
앤드류는 여전히 우리의 곁에서 삶의 깊은 울림을 전하는
사랑스런 아들입니다.

슬픔 그 그리움의 무게를 견디며 살아가는 아버지를 어찌 위로할 수
없었던 차에 역시 아픔과 슬픔을 작품으로 승화시킨 믿음을
추천을 통해 진하게 격려하고 싶습니다. 잘 이겨주어 고맙습니다.
'왜 울어? 난 괜찮아!' 이별의 아픔으로 슬픈 이들에게 하나님의 위로와
격려가 이 책을 통해 경험되기를 기도합니다.

● 이 책을 읽고 / 자신에게 하고 싶은 말

● 이 책을 읽고 / 가족에게 하고 싶은 말

● 이 책을 읽고 / 이웃에게 하고 싶은 말

● 이 책을 읽고 / 하나님께 드리고 싶은 말

주님께 간절히 기도하고

자녀를 위한 무릎 기도문

하나님의 사랑받는 자녀로 성장시키기 위한 기도서!

가족을 위한 무릎 기도문

하나님의 축복받는 가정이 되기 위한 지도서!

태아를 위한 무릎 기도문

태아와 엄마를 영적으로 보호하고 태아의 미래를 준비하는 태담과 태교 기도서!

아가를 위한 무릎 기도문

24시간 돌봐주시는 하나님께 우리 아가를 맡기는 기도서!

십대의 무릎 기도문

청소년기를 멋지고 당당하게 보낼 수 있도록 준비시키는 기도서!

십대자녀를 위한 무릎 기도문

질풍노도의 시기인 십대 자녀를 올바르게 성장시키기 위한 기도서!

재난재해안전 무릎 기도문 〈자녀용〉

불의의 재난 사고로부터 자신을 지키는 방법을 배우는 기도서!

재난재해안전 무릎 기도문 〈부모용〉

귀한 자녀를 재난으로부터 안전하게 지키게 해주는 기도서!

※ 검색창에 「무릎 기도문」 치면 전체가 보입니다.

기다리면 분명 응답 됩니다!

**9 남편을 위한
무릎 기도문**

사랑하는 남편의 신앙,
건강, 성공 등을 이루게
하는 아내의 기도서!

**10 아내를 위한
무릎 기도문**

아내를 끝까지 지켜주
는 남편의 소망, 소원,
행복이 담긴 기도서!

**11 워킹맘의
무릎 기도문**

일과 가정, 두 마리 토
끼를 잡기 위해 노력하
는 워킹맘의 기도서!

**12 손자/손녀를 위한
무릎 기도문**

어린 손주 양육에 최선을
다하는 조부모의 손주를
위한 기도서!

**A1 태신자를 위한
무릎 기도문**

100% 확실한 전도를
위한 30일간의 필수 기
도서!

**A2 새신자
무릎 기도문**

어떻게 믿어야 할지 모
르는 새신자가 30일 동
안 스스로 기도하게 하
는 기도서!

**A3 교회학교 교사
무릎 기도문**

반 아이들을 위해 실제
로 기도할 수 있게 하는
교회학교 교사들의 필
수 기도서!

**A4 선포(명령)
기도문**

주님의 보호, 능력, 축
복, 변화와 마귀를 대적
하는 강력한 기도서!

※ 전 세트를 준비해 놓으면 「영혼의 비상약」이 됩니다.

윌밍턴 본문중심 성경연구

성경적/역사적/신학적/과학적 방법을
동시에 사용하여 성경 개요를
한 눈에 파악 할 수 있도록 하여,
성경의 흐름을 많은 도표와 그림을 통해
시각화 한 책!

리버티대학교 헤롤드 L. 윌밍턴 박사 지음

종합 성경 연구

성경을 전체적인 연결성 안에서 볼 수 있도록
구성되어 한 부분을 공부하면서도
성경 전체의 같은 주제를
동시에 점검하며 이해할 수 있다.

로버트 T. 보이드 지음

부의 거룩한 이동

죽어가는 아들 때문에 예수님 믿게 하시고
두 번의 암 수술로 죽음의 고비 넘게 하시고
지금은, 믿음의 기업 CEO로, 일터 사도로,
성경적 재정 축복을 전하게 하시다!

송순복 지음

다 셀 수 없는 수만 가지 감사들

세어도 세어도 끝이 없는 감사의 위력!
걸음걸음마다 주님께 온통 감사!
가까운 곳 / 있는 것에서부터
감사를 생활화 합시다!
감사를 잃으면 사탄의 밥이 됩니다.

옥덕자 지음

일상생활에서 성령님과 친밀하게 교제하는 비결

성령님과 친숙하게 지내는 삶의 비결
오늘 우리의 삶에서 역사하시는
성령님의 인격, 능력, 목적, 사역!

해럴드 J. 살라 지음

평신도가 쓴 새벽기도 365일 도전

새벽기도를 체질화할 수 있는 방법 제시!
30여년 동안 새벽기도인 김남정 집사의
새벽기도 40일/새벽기도 365일 도전법!
1일/1주/40일 특새인은 365일 날새인이 된다

김남정 지음

내 영혼의 편지

전담양 목사의 영성시와 메시지.
따스한 아버지의 사랑!
감격하는 영혼!
시간이 흘러도 바래지 않는 은혜의 편지를 당신에게 드립니다.

전담양 지음

그들에게는 예수의 심장이 뛰고 있다

14살 학생부터 70대 할머니 성도들까지
예수님의 능력으로 앞다투어 복음을 전하며
200여 교회를 개척하게 하신 하나님 이야기!

윤필립 지음

망망한 바다 한가운데서 배 한 척이 침몰하게 되었습니다.
모두들 구명보트에 옮겨 탔지만 한 사람이 보이지 않았습니다.
절박한 표정으로 안절부절 못하던 성난 무리 앞에 급히 달려 나온 그 선원이
꼭 쥐고 있던 손바닥을 펴 보이며 말했습니다.
"모두들 나침반을 잊고 나왔기에… "
분명, 나침반이 없었다면 그들은 끝없이 바다 위를 표류할 수 밖에 없을 것입니다.

우리는 삶의 바다를 항해하는 모든 이들을 위하여
그 나침반의 역할을 하고 싶습니다.
우리를 구원하신 위대한 주 예수 그리스도를 널리 전하고 싶습니다.

"하나님은 모든 사람이 구원을 받으며
진리를 아는 데에 이르기를 원하시느니라"
(디모데전서 2장 4절)

왜 울어? 난 괜찮아!

지은이 | 이동성 목사
발행인 | 김용호
발행처 | 나침반출판사

제1판 발행 | 2019년 6월 15일

등 록 | 1980년 3월 18일 / 제 2-32호
본 사 | 07547 서울특별시 강서구 양천로 583
　　　　블루나인 비즈니스센터 B동 1607호
전 화 | 본사 (02) 2279-6321 / 영업부 (031) 932-3205
팩 스 | 본사 (02) 2275-6003 / 영업부 (031) 932-3207
홈 피 | www.nabook.net
이 멜 | nabook@korea.com / nabook@nabook.net
일러스트 제공 | 게티이미지뱅크

ISBN 978-89-318-1577-1
책번호 가-9071

값은 뒷표지에 있습니다.